INHALT

AF281949

Manfred Elsässer

In zwei Reichen daheim

Gedichte

FRIELING

Bibliografische Information der Deutschen Nationalbibliothek
Die Deutsche Nationalbibliothek verzeichnet diese Publikation in der
Deutschen Nationalbibliografie;
detaillierte bibliografische Daten sind im Internet über
http://dnb.d-nb.de abrufbar.

© Frieling-Verlag Berlin
Eine Marke der Frieling & Huffmann GmbH & Co. KG
Rheinstraße 46, 12161 Berlin
Telefon: 0 30 / 76 69 99-0
www.frieling.de

ISBN 978-3-8280-3614-7
1. Auflage 2021
Auch als E-Book erhältlich (ISBN 978-3-8280-3615-4).
Umschlaggestaltung: Michael Reichmuth
Bildnachweis: Romolo Tavani / Adobe Stock
Sämtliche Rechte vorbehalten
Printed in Germany

Vorwort

Vielleicht mag mancher, der den Titel meines neuen Buches gelesen hat, denken, dass ich heimlich einer der sog. „Reichsbürger" bin. Diese Meinung ist grundfalsch. Ich bin zwar 1940 im Deutschen Reich geboren, lebe aber gern und dankbar jetzt in der Bundesrepublik Deutschland und liebe als sächsischer Bundesbürger mein Land, mein Volk und vor allem auch meine deutsche Sprache.

Zum Titel dieses Buches wurde ich vor allem inspiriert von der sog. „Zwei-Reiche-Lehre" Martin Luthers und auch von Augustinus' Werk „De civitate Dei".

Als Mensch bin ich hineingeboren worden in diese Welt, für deren Probleme und Sorgen ich mich deshalb interessiere, weil sie auch die meinigen sind. Aber als getaufter Christ glaube ich an Jesus Christus, durch den das Reich Gottes uns Menschen auf dieser Erde nahegekommen ist, der als Heiland in ihm segenreich am Werk ist und der uns den Zugang zum ewigen Gottesreich ermöglicht hat. Wenn mein Buch zum rechten Verständnis von alledem ein wenig beigetragen hat, dann hat es seinen Sinn erfüllt.

Der Ort Treuen in Sachsen

Es ist von Sachsen dies bekannt:
Es ist ein deutsches Bundesland;
und es ist Treuen eine Stadt,
so wie sie Sachsen viele hat.

Doch wenn man Vergleiche zieht,
gibt es noch einen Unterschied.
Das habe ich mir klargemacht,
als ich darüber nachgedacht.

Bei Sachsen ist es längst schon Brauch;
so nennt man die dort wohnen auch.
Von Treuen man das Bild gewinnt,
dass dort nicht nur die Treuen sind.

Törichte Deutsche

Wie wir schon vom Frühjahr wissen,
ist es wiederum jetzt hier:
wird die Lage mal beschissen,
hortet man das Klopapier.

Karin

Ich sage es dir jetzt erneut:
Du hast mich wirklich sehr erfreut.
Drum bitte mach es weiter so
und mache weiterhin mich froh.

Oscar

Ihm macht es nichts in diesen Tagen,
dass er muss einen Mundschutz tragen;
doch die Bordelle sind geschlossen.
Das macht den Oskar sehr verdrossen.

Augenarzt Dr. Braun

Der Augenarzt Herr Doktor Braun
behandelt Männer und auch Frau'n,
und er macht keinen Unterschied,
in wessen Auge er da sieht.

Doch manchmal denkt ganz heimlich er:
Ach, dass doch Frauenarzt ich wär,
dann könnte ich – oh wär das schön! –
da mehr nur die Augen sehn.

Getrostes Sterben

Wenn ich nach meinen Erdentagen
nicht unter Lebenden mehr bin,
soll man bei mir mit Paulus sagen:
Es ist das Sterben ihm Gewinn.   *Philipper 1,21*

Gott hat den Bund mit mir geschlossen,
als meine Taufe einst fand statt;
und ich hab dankbar es genossen,
was Christus uns erworben hat.

Weil ich auf Jesus Christus schaue
und hörend bin, was Er versprach,
ich fest auf dies Sein Wort vertraue:
Wer an mich glaubt, der folgt mir nach.   *Johannes 12,26*

Wie Gott hat Christus aufgenommen
nach Seinem Tod und Auferstehn,
so wird es auch mit mir dann kommen.
Was Er gesagt, das wird geschehn.

Mein Leben auf der Welt – das war es:
bei mancher Freude auch viel Leid;
doch vor mir steht jetzt Wunderbares
bei Gott in Seiner Ewigkeit.

Festgedicht anlässlich der Verabschiedung von Herrn Pfarrer Karlheinz Wohlgemuth in den Ruhestand

Am Dienstag, den 02.02.2021, in der Kirche zu Lichtentanne (Kirchenbezirk Zwickau)

Es geht, wie allgemein bekannt,
hier heute in den Ruhestand
Herr Pfarrer Karlheinz Wohlgemuth,
der seinen letzten Dienst jetzt tut,
denn schon ab morgen hängt man dann
an „Pfarrer" ein „i. R." noch dran,
was explizit „in Ruhe" heißt
und auf den Ruhestand hinweist,
obwohl, auch wenn „i. R." man schreibt,
ein Pfarrer immer Pfarrer bleibt
und meist auch ist zum Dienst bereit,
wenn man zu ihm um Hilfe schreit,
solange von sich selbst er glaubt,
dass die Gesundheit es erlaubt.

In drei Gemeinden insgesamt
war Pfarrer Wohlgemuth im Amt,
nicht nur in Lichtentanne, denn
in Schönfels auch und auch in Stenn.
Vor 14 Jahren schon kam er
zum Dienst nach Lichtentanne her,
wobei auch, dies war ihm bewusst,
nach Stenn und Schönfels er gemusst.
Von ihm es dies zu sagen gibt:
Er war als Pfarrer sehr beliebt.
Es fanden Gottesdienste statt,
die leitend er gehalten hat,

war manchmal auch am dritten Ort
statt ihm ein Ruheständler dort.
Wenn ein Gemeindekreis sich traf,
hielt er das immer treu und brav,
wo es auch jährlich dazu kam,
dass eine Fahrt man unternahm.
Die Konfirmanden hat gelehrt
er, was fürs Christsein ist von Wert;
und Konfirmandenunterricht
ist so ganz leicht zu halten nicht.
Damit ein Kranker Tröstung hätt,
ging oft er an ein Krankenbett.
Wenn rund mal ein Geburtstag war,
dann ging er hin, das war doch klar.

Den Trauerleuten Trost er gab,
in Trauerhalle und am Grab.
Den Segen Gottes er verhieß,
wenn man sich kirchlich trauen ließ;
und dabei fiel ihm dieses ein:
Es können auch zwei Männer sein.
Er segnete mit seinen Händen
auch gerne einen Konfirmanden.

Doch in dem Ruhestande nun,
was könnte dieser Mann dann tun?
Er könnte sich mit viel Geschick
mehr engagier'n in Politik,
damit es sich für Zwickau lohnt,
dass er in dieser Stadt nun wohnt,
doch Lichtentanne nicht vergisst,
das ihm ans Herz gewaschen ist.
Vielleicht wird er ein Literat,
wie Manfred Elsässer das tat,

dass er nun gute Bücher schreibt,
damit er unvergessen bleibt.
Vielleicht setzt er sogar im Sport
erfolgreich seine Laufbahn fort,
vielleicht wird als Bassist sogar
erfolgreich er als Opernstar.

Nun ja, wir werden es wohl sehen,
was mit dem Manne wird geschehen.
Für manche Überraschung gut
war immer schon Herr Wohlgemuth.

Nun wünschen Gottes Segen hier
dem neuen Ruheständler wir,
dass er als kerngesunder Mann
den Ruhestand genießen kann.

USA Herbst 2020

In dem Lande weit im Westen,
das als USA man kennt,
stand es wahrlich nicht zum Besten
mit dem Herren Präsident.

Nach der ersten Periode,
also nach dem 4. Jahr,
Trump die Niederlage drohte,
als die Wahl dann wieder war.

So begann mit bösen Sätzen,
auch wenn rechtlich nicht erlaubt,
gegen Biden er zu hetzen,
damit diesem man nicht glaubt.

Aber trotz all diesem Schlimmen,
das da Mister Trump gemacht,
hat die Auszählung der Stimmen
ihm doch nicht den Sieg gebracht.

Wenn er so den Sieg verfehlte,
sah er dieses doch nicht ein,
und wer da die Stimmen zählte,
musste schuld am Elend sein.

Weil bei ihm nie darf geschehen,
dass er einmal unterliegt,
sollen Richter es nun drehen,
dass am Ende doch er siegt.

Wird er nicht bald Ruhe geben
in dem Kampfe um die Macht,
wird am Ende er erleben,
dass man über ihn nur lacht.

Gesegnetes Leid

Musst du auch mal ein Leiden tragen,
das dir vielleicht sehr hart erscheint,
dann lass dir von der Bibel sagen,
dass Gott doch gut es mit dir meint.

Sonst kannst du leicht der Welt verfallen,
in der man Gott sehr schnell vergisst,
wobei dann aus des Teufels Krallen
die Rettung schwer nur möglich ist.

Das Leid, das Gott dich lässt empfinden,
will, wenn bei dir es findet statt,
mit Jesus Christus dich verbinden,
der doch sehr viel gelitten hat.

Wie Er durch Tod und Auferstehen
zu Gott ins Himmelreich ging ein,
so soll es auch bei dir geschehen,
um ewig dann bei Gott zu sein.

Drum lass dich gläubig von Gott führen
und trage auch dein Leiden still,
du kannst den Segen Gottes spüren,
der ganz zu Sich dich führen will.

Gegönnte Schadenfreude

Es war einmal an einem Tag
in Böhmens schöner Hauptstadt Prag,
da fand in dieser Stadt es statt,
dass Margot voll getäuscht mich hat.

Doch weil es stets ihr Freude schenkt,
wenn sie im Rückblick daran denkt,
drum gönne ich ihr den Genuss,
auch wenn dann selbst ich leiden muss.

Die Vorfreude eines Christen

Eins werde niemals ich bereuen,
dass ich als Mensch auch bin ein Christ.
Ich darf mich auf das Sterben freuen,
weil es Beginn von Schöner'm ist.

Ich bin mit Jesus fest verbunden,
was für mich die Bedeutung hat,
dass, was bei Ihm hat stattgefunden,
auch mal bei mir wird finden statt.

Wie Auferstehung einst geschehen
bei Ihm vor jetzt schon langer Zeit,
so werde ich auch auferstehen
in geistlich neuer Leiblichkeit.

Wie Gott Ihn ewig aufgenommen,
was einst zu Himmelfahrt geschah,
so wird es dann mit mir auch kommen.
Dann bin ich ewig ihm ganz nah.

Vorbei ist dann, was ich im Leben
an Leid und Schwerem durchgemacht,
und es wird für mich noch geben
des Himmelreiches große Pracht.

Der große Elsässer

Als in der Bücherei ich saß,
nahm einstmals ich ein Buch zur Hand,
wo ich von Albert Schweitzer las
und weshalb er uns ist bekannt.

Es fand dabei auch etwas statt,
was sehr bemerkenswert mir schien:
als „großen Elsässer" man hat
in diesem Buch bezeichnet ihn.

Mir war dabei natürlich klar:
Man schreibt dies von ihm, weil man weiß,
dass dieser Mann Elsässer war,
dagegen ich Elsässer heiß'.

Doch machte mich der Ausdruck froh,
denn dieser zeigte es mir an,
dass, wenn ich will, ich mich auch so
als sehr berühmt mal fühlen kann.

Schmerzhaftes Erinnern

Es gibt bei Egon alte Wunden,
die zwar vernarbt, doch nicht verschwunden.
Das kann als Aufgabe nur heißen:
Sie sind nicht wieder aufzureißen.

Doch Ruth hat, ohne es zu wissen,
so eine Wunde aufgerissen,
indem sie ihm Sabine nannte,
die sie, wie er, schon lange kannte.

Bei ihm das leider dazu führte,
dass wieder alten Schmerz er spürte
und wieder seelisch musste leiden,
drum sollte künftig man vermeiden

bei ihm zu nennen deren Namen,
die einstmals ihm sehr nahe kamen
und früher mal sein Herz besessen,
doch dies mit Absicht jetzt vergessen.

Coronavirus – Pandemie 2020 kritisch gesehen

Ein jeder, der die Erde liebt,
der müsste dankbar sein,
dass es Coronavirus gibt,
denn er war es allein,

der plötzlich es hat hingekriegt
auf unserer Erde hier,
dass nicht mehr mit dem Flugzeug fliegt
so mancher Passagier.

Was, Grüne, euch am Herzen lag,
doch was ihr nie geschafft,
das schaffte jetzt mit einem Schlag
des kleinen Virus Kraft.

Doch wenn Corona ist vorbei,
wohl kaum noch jemand fragt,
was so ein Flug an CO_2
stets in die Lüfte jagt.

Dann fragt man sich wie ehedem
auf dieser Erde hier:
Was ist für mich jetzt hier bequem,
was nützt, was schadet mir?

Es wird nur anders in der Welt,
lässt man es wieder zu,
dass ernsthaft man die Frage stellt:
Was will Gott, dass ich tu?

Wunsch und Wirklichkeit

Sicher macht es oft Verdruss,
wenn der Mensch sich ärgern muss,
weil in dieser Welt er sieht,
wie viel Unrecht da geschieht,
und er selbst von solchem Mist
auch oft selbst betroffen ist.
Wenn ein Mensch dann klar das sagt,
was ihm alles nicht behagt,
was in seinen Augen schlecht,
und er hat dabei auch recht,
muss man sagen: Das ist gut,
was ein solcher Mensch da tut.
Und wenn er zu ändern meint,
was ihm da so schlecht erscheint,
wenn er darauf ist bedacht,
dass man etwas besser macht
und da bei sich selbst fängt an,
man ihn da nur loben kann.
Doch wer dies behauptet, irrt:
dass es immer besser wird,
bis auf dieser Erde mal
es für uns wird ideal.
Sicher es mit Recht geschieht,
dass die Menschen man erzieht
und da stets zum Guten hin
sie zu führen hat im Sinn.
Doch wie man das auch betreibt,
stets der Mensch ein Sünder bleibt,
der bei allem darauf sinnt,
dass stets Vorteil er gewinnt;
und dass da so manches Mal
es ihm völlig ist egal,

ob da etwas findet statt,
wo ein andrer Schaden hat,
und was man da sagt dabei,
ist oft nichts als Heuchelei.
Das ist traurig, aber wahr
und es zeigt ganz offenbar,
dass der Mensch aus eigner Kraft
rechte Besserung nicht schafft.
Doch es ist ein Helfer da.
Gott kam uns in Christus nah.
Er als Vater uns auch liebt
und gern Seinen Geist uns gibt.
Und mit Liebe dieser Geist
uns dann an den Nächsten weist.
Er fängt dieses Werk dann an,
dass man recht ihn lieben kann
und ihm alles das beschert,
was man für sich selbst begehrt.
Das ist zwar oft gar nicht viel,
doch viel besser als ein Ziel,
das, weil es ein Wunschbild nur,
meist dann führt zur Diktatur.

Glauben und Wissen(schaft)

Wenn jemand das Wort „Glauben" sagt,
wenn es geschrieben steht,
ist nötig, dass man hinterfragt,
worum es dabei geht.

Denn wenn man jetzt vom „Glauben" spricht,
ist dabei meist gemeint:
Worum es geht, ich weiß es nicht,
doch mir es möglich scheint.

So haben Atheisten dann
den Christen dargestellt
als einen, der nicht denken kann
und nichts vom Wissen hält.

Obwohl doch eigentlich war klar,
dass auch in unserem Land
so mancher Wissenschaftler war,
der sich als Christ bekannt.

Denn wenn ein Mensch, der auch ein Christ,
zum Glauben sich bekennt,
der Sinn da ein ganz anderer ist,
wenn dieses Wort man nennt.

Ein Christ ist, wer auf Gott recht schaut,
sich dankbar Ihm gibt hin
und wer auf Christi Werk vertraut.
Das ist des Glaubens Sinn.

Es ist des Heil'gen Geistes Kraft,
die uns lässt Christen sein,
egal ob auf die Wissenschaft
sich jemand auch lässt ein.

Es ist die Wissenschaft beschränkt
auf irdisch' Raum und Zeit,
doch wird beim Glauben uns geschenkt
von Gott die Ewigkeit.

An eine gute Bekannte

Sprichst zu mir Du liebe Worte,
sind sie süßer mir als Torte.
Hör' ich Deine holde Stimme,
dann verschwindet alles Schlimme,
und ich kann im Herzen drinnen
froh zu jubeln dann beginnen.

Mag manch Schlechtes auch geschehen,
das wir hören oder sehen,
helfen die es zu ertragen,
die uns liebe Worte sagen.

Ratschlag an Eheleute

Statt dass sich Eheleute zanken,
soll lieber man dem andern danken,
was dieser Partner hat im Leben
an Gutem einem schon gegeben.

Und jeder Partner auch beachte,
was er schon selbst an Fehlern machte,
die manches Mal gar schlimmer waren,
als was vom andern man erfahren.

Ich rate auch zu diesem Schritte,
dass man sagt: „Verzeih mir bitte!
Lass jetzt doch dein Erbarmen walten,
wenn ich mich hab' nicht recht verhalten."

Dann wird euch die Erfahrung lehren:
Gern selbst Barmherzigkeit gewähren,
das lässt genauso Glück erlangen,
wie die Barmherzigkeit empfangen.

Jedoch wem so viel Hochmut eigen,
sich selbst barmherzig nie zu zeigen,
dem wird der rechte Gottesfrieden
in seinem Herzen nie beschieden.

Technik, Coronavirus und christlicher Glaube

Es hat bei uns die Technik heute
sehr vieles möglich jetzt gemacht,
woran in früher'n Zeiten Leute
nur mal als Wunsch vielleicht gedacht.

Doch will sie uns dazu verleiten,
dass man als Mensch sich überschätzt,
das Wirken Gottes will bestreiten
und sich an Seine Stelle setzt.

Jedoch kann nie ein Mensch erreichen,
allmächtig so wie Gott zu sein;
und Er setzt manchmal dann ein Zeichen:
„Der Herr der Welt bin ich allein.

Wenn ihr mein Wort nicht mehr wollt hören
und nicht mehr meinen Willen tut,
dann soll ein Leiden euch zerstören,
den sündhaft großen Übermut."

Beginnen Menschen einzusehen,
dass jeder, der Gott leugnet, irrt,
kann bei Corona es geschehen,
dass es uns doch zum Segen wird.

Wenn wir bescheiden von uns denken
und Ihn als Herrn erkennen an,
will Er uns Seine Gnade schenken,
die uns aus allem retten kann.

Wider das törichte Streiten

Wohl konntet Ihr Triumph empfinden,
wenn einen andern Ihr besiegt,
doch musste dies Gefühl schnell schwinden,
weil neuen Streit Ihr nur gekriegt.

Und gingt Ihr da selbst über Leichen,
wenn Ihr Euch in den Streit begabt,
so konntet Ihr doch nicht erreichen,
dass Frieden Ihr im Innern habt.

Drum seid Ihr Menschen große Toren,
die Ihr so kämpft, ganz vorn zu sein.
Nur Gottes Sohn als Mensch geboren
schafft Frieden in das Herz hinein.

Nur wer sich Jesus will ergeben,
sich glaubend tief in Ihn versenkt,
kann seiner Seele Heil erleben,
weil Christus wahren Frieden schenkt.

Drum ist es unnütz, dass Ihr streitet,
weil so ein Streit nicht helfen kann.
Durch Christus ist das Heil bereitet.
So nehmt es doch im Glauben an!

Gottes und der Menschen Tun

Das Heil für uns kann nur beruhn
auf Gottes, nicht der Menschen Tun.
Drum ist es nötig, dass du lernst:
Nimm Dich und andre nicht zu ernst!

Zwar hat der Mensch die Muskelkraft,
mit der so manches er auch schafft.
Du hast als Mensch auch einen Geist,
durch den Du dann so manches weißt.

Doch hast Du auch daran gedacht,
dass Du das nicht hast selbst gemacht?
Es findet unser Menschsein statt,
weil jeden Gott geschaffen hat.

Und das, woraus die Welt besteht,
und dass sie sich von selber dreht,
dass Sonne Wärme gibt und Licht,
das gäbe ohne Gott es nicht.

Und alles, was Ihr Menschen esst,
ist was für Euch Gott wachsen lässt.
Er ist der Schöpfer dieser Welt,
der uns am Leben hier erhält.

Doch gibt es in der Welt auch Not,
und vor uns allen steht der Tod.
Auch Gott nur bietet das da an,
was uns aus diesem retten kann.

Als Jesus an dem Kreuz einst starb,
Er Frieden uns mit Gott erwarb;
und als von Tod Er auferstand,
Er auch für uns ihn überwand.

Durch Christi Werk steht uns bereit
ein Leben in der Ewigkeit,
ein Leben dann den Engeln gleich
in Gottes wunderbarem Reich.

Und warum kann ich fest vertrauen,
dass ich dort ewig kann Gott schauen?
Weil Gott von Seinem Geist mir gab,
allein ich diesen Glauben hab'.

Oskars Bericht

Ich traf mal irgendwann
von Ruth den Ehemann.
Nach kurzer Zeit schon dann
fing er zu reden an.

„Als im vergangenen Jahr
ich mal sehr traurig war,
ging ich in eine Bar.
Man reichte Bier mir dar.

Ich wollte mal allein
mit Zeit zum Denken sein;
jedoch die Gattin mein
trat plötzlich dann herein.

Als ich da saß beim Bier,
sprach wütend wie ein Stier
sie diesen Satz zu mir:
„Verschwinde jetzt von hier!"

Sie nahm mich bei der Hand,
wobei ich schnell dann stand,
auch schnell den Ausgang fand
und hinter ihm verschwand.

Ich rate allen: Seid
anstatt zu einem Streit
doch lieber allezeit
zum Liebesdienst bereit!

Im goldenen Käfig

Ein Mensch im goldenen Käfig war,
den man ihm hat bereitet,
doch wird auch manchmal offenbar,
dass dieser Mensch dort leidet.

Er kann sich oft nicht, wie er will,
dem Wesen nach entfalten,
muss trotz des Wunschs zu rennen, still
zu anderen sich verhalten.

Es täte diesem Menschen gut,
sich ehrlich auszusprechen.
Jedoch es fehlt ihm wohl der Mut,
von dort ganz auszubrechen.

Gott möge diesem Menschen Kraft
zu diesem Schritt verleihen,
dass er mit Seiner Hilfe schafft,
sich glücklich zu befreien.

Drei frühere Klassenkameradinnen

1. Adelheid

Es hat oft Adelheid gedacht,
was denn der Adel heut' so macht.
Auch wenn es Adel heut' noch gibt,
er nicht wie Adelheid mich liebt.
Es hat die Adelheid geklagt,
dass oft der Adel heut' versagt.
Dass man vom Adel heut' so spricht,
gefällt der Adelheid wohl nicht.

2. Hildegard

Als ihr bei Hildegard einst wart,
da merktet ihr, wie Hilde gart.
Es war der Braten gar nicht hart,
weil keine gart wie Hildegard.
Was Hilde gart, wird immer gut,
wenn sie wie Hildegard es tut.
Es findet Hildegard stets zart
das Fleisch, das ihr die Hilde gart.

3. Karin

Bei diesem Kar in Österreich,
da dachte ich an Karin gleich.
Auch in Dakar in Afrika
er neulich mal die Karin sah.

Man sprach in unserem Konvent,
dass dort sogar ihn Karin kennt.
Es ist uns allen völlig klar:
Vikarin Karin niemals war.

Dankbare Rückbesinnung

Gott hat mich wunderbar geführt
in meinen Lebenstagen,
drum will ich, wie es sich gebührt,
Ihm meinen Dank stets sagen.

Gott hat nicht alles so gemacht,
dass es mir stets gefiele;
doch hat Er stets an mich gedacht,
auf meinem Weg zum Ziele.

Denn das ist meines Lebens Sinn
auf dieser unsrer Erde,
dass ich mit Gott verbunden bin
und ewig selig werde.

Doch gibt es immer die Gefahr,
dass man von Ihm will weichen;
und wer das tut – sagt Jesus klar –,
kann nicht das Ziel erreichen.

Drum hat mich Gott durch Leid gewarnt,
mich nicht zu überschätzen,
dass mich der Teufel nicht umgarnt
mit seinen Lügennetzen.

Was diese Welt zu bieten hat
an irdischen Genüssen,
das findet kurze Zeit nur statt,
weil alle sterben müssen.

Und tiefes Glück, das man erstrebt,
das kann die Welt nicht bieten,
weil das ein Mensch nur dann erlebt,
schenkt Gott ihm Seinen Frieden.

Und was dann ganz am Ende droht
bei Jesu Jüngstem Tage,
das ist der Gottesferne Not
mit ewig neuer Plage.

Drum frage ich nach andern nicht
und dem, was sie so treiben.
Ich nehme ernst, was Jesus spricht,
und will bei Ihm stets bleiben.

Corona in Staat und Kirche

Gewiss ist richtig, was der Staat
in dieser Pandemie-Zeit tat,
dass er, zu steuern diese Not,
viel Menschensammlung verbot.

Doch ist es für die Kirche gut,
wenn sie genau dasselbe tut?
Sie ist doch nicht nur Teil der Welt.
Sie hat zu tun, was Gott gefällt.

Drum ehrt ihn, wenn ein Bischof spricht:
Für uns gilt das Gebot so nicht.
Es finden Gottesdienste statt,
weil das der Mensch jetzt nötig hat.

Doch kann dabei ich nicht verstehn,
dass es nur soll um Menschen gehn,
dass man zu sagen ganz vergisst,
was denn der Wille Gottes ist.

Man lese in der Bibel nach,
was Jesus einst laut Lukas sprach:
Soll Gotteslob verboten sein,
so werden dann die Steine schrein.   *Lukas 19,40*

Vom Christsein

Beim Christsein stets es darum geht,
dass Gott an erster Stelle steht,
dass man nach Gottes Willen fragt
und ernst nimmt, was die Bibel sagt.

Dass man zu tun dann unternimmt,
was Gott uns hat zu tun bestimmt,
und dass bei uns nicht findet statt,
was Gott zu tun verboten hat.

Wer sich an Gottes Willen misst,
der merkt, dass er ein Sünder ist,
der leider nicht als Mensch so gut,
dass stets er Gottes Willen tut.

Zur Rettung aus der Sündennot
ergreift er gern das Angebot,
dass Gott aus Gnade ist bereit,
dass Er ihm seine Schuld verzeiht.

Was Christus hat am Kreuz vollbracht,
Vergebung möglich hat gemacht,
und was uns Sünder retten kann,
nimmt gern ein Christ im Glauben an.

Jedoch von Gott so reich beschenkt,
ein Christ dann auch an andre denkt.
Die Liebe, mit der Gott uns liebt,
er gern an andre weitergibt;

weil auch dem andern gefällt,
wenn er Barmherzigkeit erhält,
denn er ist Sünder so wie Du,
auch wenn er das nicht gern gibt zu.

Maria als Lehrmeisterin   *Lukas 1,26–38*

Ein Engel einst vom Himmel kam,
der bei Maria kehrte ein,
von dem die Botschaft sie vernahm,
sie wird des Jesus Mutter sein.

Sie konnte das wohl nicht verstehn,
wie möglich wird, was er gesagt.
Doch sagte sie: Es wird geschehn,
denn ich bin Gott des Herren Magd.

Was Gott verheißen, wurde wahr
und ist uns allen längst bekannt.
Maria dieses Kind gebar,
das Gottes Sohn man hat genannt.

Dass man so ganz auf Gott vertraut,
ist leider ziemlich selten jetzt,
weil oft man auf sich selbst nur schaut
und dabei meist sich überschätzt.

Doch etwas über uns dann kam,
das niemand vorher hat gedacht.
Es legte unser Leben lahm
und hat sehr ratlos uns gemacht.

Es könnte sein, dass Gott euch lehrt
durch manchmal auch sehr hartes Leid,
der Weg war leider ganz verkehrt,
den ihr bisher gegangen seid.

Erkennt, von wem ihr euch entfernt,
wohin der Hochmut euch verführt,
Gott will, dass neu ihr Demut lernt
und neu dann Seinen Segen spürt.

Corona – eine Lehre

Es ging normal jahrzehntelang
das Leben den gewohnten Gang.
Doch plötzlich stockte dieser Lauf.
Corona trat als Virus auf.

Es wurde bald da offenbar,
dass dieser Virus schlimmer war,
als sonst bei Viren war bekannt
auf dieser Welt in jedem Land.

Da hat man etwas nachgedacht,
was man denn da dagegen macht.
Man führte einen Mundschutz ein
und dachte: Bald wird gut es sein.

Man Kneipen und Theater schloss,
was manche Menschen sehr verdross,
und dachte, wenn man dieses tut,
wird alles mit Corona gut.

Doch kam nicht, was man sich versprach.
Es ließ Corona doch nicht nach.
Es zeigte sich: Durch eigne Kraft
der Mensch nicht, was er will, stets schafft.

Man fragte nicht in seinem Wahn:
Was hat denn Gott für einen Plan?
Ob nicht vielleicht um das es geht,
was da in Lukas 13 steht?

Wenn solches Leid uns widerfährt,
dann kann es sein, dass Gott uns lehrt,
dass man als Mensch es nicht vergisst,
dass man Geschöpf, nicht Schöpfer ist.

Gott will, dass man auf Ihn vertraut
und nicht auf diese Welt nur schaut,
damit doch Gott am Ende dann
trotz Schuld den Menschen retten kann.

Der Verlust der Weihnachtsbotschaft in unseren Liedern

Als Luther einst das Lied gedichtet
„Vom Himmel hoch, da komm' ich her …“,
hat er den Blick darauf gerichtet:
Wir schätzen Weihnacht deshalb sehr,

weil Jesus kam auf diese Erde
von Gott, geboren als ein Kind,
dass Er der Heiland aller werde,
die wir als Menschen Sünder sind.

Paul Gerhardt hat in seinen Liedern
genau wie Luther es gemacht.
Er wollte das als Dank erwidern,
was Gott in Jesus hat vollbracht.

Doch dann entstanden solche Lieder,
die das als Fakt nur stellen fest,
dass gute Plätzchen uns gelingen
in einer Weihnachtsbäckerei.

Anstatt dass man an Christus denke
und was durch ihn für uns begann,
denkt man vor allem an Geschenke
und wie man sie gebrauchen kann.

Und uns beschäftigt sehr die Frage,
ob es denn in der Weihnachtszeit,
besonders an dem einen Tage,
am Heil'gen Abend, draußen schneit.

Sachsen Dezember 2020

Einst in der DDR war klar,
dass Sachsen meistens führend war,
was uns den Titel eingebracht:
die fünfte als Besatzungsmacht.

Als Deutschland wieder war vereint,
hat mancher Sachse dies gemeint:
Wann findet es in Deutschland statt,
dass Sachsen da die Führung hat?

In diesen Tagen hat man sie
– in der Corona-Pandemie –,
doch sei mit Deutlichkeit erwähnt:
So haben wir sie nicht ersehnt!!!

Da wünschen wir uns eher schon
mal Leipzig auf dem Fußballthron
und Sachsen mal das Recht erhält,
dass es den Bundeskanzler stellt.

Orthografie – Stolpersteine

Es stellte bei dem Fest er fest,
dass mancher bei dem Nest noch nässt.
Er sprach in großer Hast, er hasst
den Menschen, den er fast nicht fasst.
Mein Onkel Otto misst im Mist,
was mancher, der dort ist, da isst.
Er gern am Abend spät noch späht,
was Hans beim Tête-à-Tête da tät!
Gefällt dann dieses Tier auch Dir,
dann trinken wir am Pier ein Bier.
Der Karl für einen Held sich hält,
weil er in diesem Feld nicht fällt.
Es machte dieses Blatt ihn platt,
was da in dieser Stadt fand statt.
Wenn er nach diesem Wald dort wallt,
in seinem Ohr ein „Halt" oft hallt.
Man merkt an seinem Spint, er spinnt,
wenn über die da sind, er sinnt.
Er hat sich zu der Wand gewandt
und schaute auf das Band gebannt.
Ein Mann in einem Bad mich bat
und gab dabei den Rat: Fahr Rad!
Was Hans zu Werners Leid verleiht
ihm dieser mit der Zeit verzeiht.

Weihnachten

In diese Welt, in Schuld verstrickt
und sündige Begier,
hat Gott einst Seinen Sohn geschickt.
Er wurde Mensch wie wir.

Gott will nun, dass man richtig schätzt,
was Weihnachten geschah.
Gott ist auch unser Vater jetzt,
kam uns in Christus nah.

Wenn man von einem Vater spricht,
der seine Kinder liebt,
dann ist für sie zu sorgen Pflicht,
dass er, was nötig, gibt.

Viel besser als das jeder macht,
der Vater ist als Mann,
ist Gott auf unser Wohl bedacht,
weil Er es besser kann.

Es findet nicht nur dieses statt,
dass Er an Nahrung denkt.
Für uns er auch ein Erbe hat,
das Er uns einmal schenkt.   *Vgl. Römerbrief 8,14–17.*

Und diesem ist auf Erden hier
nichts Wunderbares gleich.
Denn ewig leben können wir
in Seinem Himmelreich.

Und dies hat möglich uns gemacht,
weil Gottes Sohn Er war,
der, welchen in der Heil'gen Nacht,
Maria einst gebar.

Leben in vier Staaten

Das Deutsche Reich hat es gegeben,
als ich als Baby trat ins Leben
und auch als ich in später'n Tagen
dann zu der Taufe ward getragen.
Es sollte tausend Jahre dauern,
doch stand es nur auf krummen Mauern,
befand sich da in einem Kriege.
Man sprach zwar da noch von dem Siege,
doch bald darauf war abzusehen:
Das Deutsche Reich wird untergehen;
und das, was Hitler hat errichtet,
war nach 12 Jahren schon vernichtet.

Da wird dann Leipzig, wo ich wohne,
sowjetische Besatzungszone,
in der ich, als die Zeit gekommen,
als Schüler wurde aufgenommen.
Ich lernte Rechnen, Schreiben, Lesen
im Staat, der nicht mehr frei gewesen.

Doch dann geschah in diesem Lande,
das bald die „DDR" sich nannte,
dass Kommunisten wie in allen
den Ostblockländern als Vasallen
in Staaten, welche Diktaturen
nach Moskaus Richtlinien verfuhren.
Ich habe in den 40 Jahren
viel Freude und viel Leid erfahren.
Mir wurde wegen guter Noten
die Oberschule angeboten.
Das Abitur dann dazu führte,
dass ich Theologie studierte,

das in den Pfarrdienst sollte münden.
Ich wollte Gottes Wort verkünden.
Doch ehe ich ins Amt geraten,
kam erst ich zu den Bausoldaten.
Danach dann auch bei mir passierte:
Man mich zum Pfarrer ordinierte.
Damit sie treulich mich begleite,
nahm ich mir eine Frau zur Seite.
Kleinwaltersdorf hat es geheißen,
das Dorf, in dem ich eingewiesen.
So ist es dort zuerst geschehen,
dass ich hab meinen Dienst versehen,
bis ich den Wechsel vorgenommen
und her nach Zwickau bin gekommen.
Dort war ich, als es kam zur Wende.
Die DDR-Zeit war zu Ende,
und damit war ich in der Tat es:
der Bürger eines andern Staates,
der, als das Reich nicht mehr vorhanden,
im Westen Deutschlands war entstanden,
und nun, was auch den meisten passte,
auch die Ex-DDR umfasste,
sodass auch wir in diesen Orten
sind BRD-Bürger geworden.
Acht Jahre war ich dann gerade
noch Pfarrer auch in diesem Staate,
bis man als der Etappen letzte
mich in den Ruhestand versetzte,
wo ich noch manchen Vers gedichtet,
um so in Büchern, die erschienen,
den Menschen weiterhin zu dienen.
Doch nutzte ich auf dieser Erde
auch Freiheit, die man uns gewährte.

Die Wende uns auch dieses brachte,
dass sie das Reisen möglich machte
in Länder, die uns einst verschlossen.
Das habe dankbar ich genossen,
und manches, was da ist gewesen,
kann man in meinen Büchern lesen.
Nun hoff ich, dass, solang ich lebe,
es keinen fünften Staat hier gebe.

Das Coronavirus – Fluch oder Segen?

Wenn mancher jetzt zu Hause bleibt,
weil man das ja so vor uns schreibt,
fällt, weil uns Menschen das nicht passt,
man mehr dem anderen zur Last.

Oft eskaliert in dieser Zeit
ein Ehe- und Familienstreit,
denn ihn verstärkt ganz unbewusst
der in uns angestaute Frust.

Das, was das Leben uns verschönt,
hat auch in uns es übertönt,
dass tief in uns das Herz laut schreit
nach liebender Barmherzigkeit.

Es findet Heilung dann nur statt,
wenn man den Frieden Gottes hat,
drum hat Corona einen Sinn:
Es will zu Gott uns führen hin.

Nutzt jetzt in der Corona-Not
das große Gottesangebot,
dass der, der euch als Vater liebt,
in Christus Seine Gnade gibt.

Jesus bekennen   *Matthäus 10,32 f.*

Wenn es laut Jesus darum geht,
dass Ihn wir recht bekennen,
dann frage ich mich ganz konkret:
Was ist da zu benennen?

Wenn Jesus sagt, dass es um „mich"
vor allem stets soll gehen,
dann darf bei uns das eigne Ich
im Vordergrund nicht stehen.

Es geht um das, was Er gesagt,
dass wir das auch vollbringen;
dass nicht um das, was uns behagt,
es geht bei allen Dingen.

Es geht um das, was Er gewollt,
dass Sein Werk wir recht schätzen;
und deshalb nicht, was wir gemacht,
an erste Stelle setzen.

Es geht um das, was Er gewollt,
dass wir nach Ihm uns richten;
ob uns die Welt da Beifall zollt,
darauf sollten wir verzichten.

Was Gott zu sagen uns bestimmt,
das sollen wir verkünden,
auch wenn man uns es übel nimmt,
nennt man der Menschen Sünden.

Und wenn es dabei nötig ist,
soll man es nicht vermeiden,
um Christi willen als ein Christ
geduldig auch zu leiden.

Denn solches Leid, was ist das schon
hier nur auf dieser Erde,
wenn uns, wie Jesus sagt, als Lohn,
bei Gott zu sein, stets werde?

Noch einmal Corona-Pandemie

Es tut dem Menschen gar nicht gut,
wenn er sich überschätzt,
drum hat Gott seinem Übermut
jetzt Grenzen mal gesetzt.

Ein Virus seinen Ausgang nahm,
in China trat es auf,
und dann in alle Welt es kam
in einem schnellen Lauf.

Groß war bei dieser Pandemie
der menschliche Verdruss;
denn keiner wusste richtig, wie
man sie bekämpfen muss.

Und immer überheblich noch
fand solches Denken statt:
Wir schaffen die Besiegung doch,
wenn man den Impfstoff hat.

Wann wird den Menschen endlich klar,
dass Gott ein Machtwort spricht?
„Ich mache so euch offenbar:
Allmächtig seid ihr nicht."

Ach, dass doch jeder Mensch dies spürt:
Das musste kommen, weil
der Hochmut ins Verderben führt,
auf Gott vertrau'n zum Heil.

Tischgebet I

Wenn wir jetzt all die Dinge sehen,
die vor uns auf dem Tische stehen,
die schönen Speisen und Getränke,
dann ist es recht, dass man bedenke,
von wem als Schöpfer dieser Gaben
wir letztlich sie jetzt vor uns haben.
Drum wollen wir vor dem Verzehren
Dich, Gott, als unsern Schöpfer ehren.
Wir wollen Dich für diese Speisen
und alles, was Du gibst, stets preisen.

Tischgebet II

Wenn sich Menschen auch geplagt,
dass das Essen uns behagt,
stellen wir doch dankbar fest,
dass Du, Gott, das wachsen lässt,
was als gute Nahrung dann
kommt in unserem Magen an.
Dafür wollen alle wir
jetzt von Herzen danken Dir.

Tischgebet III

Bevor die Nahrung wird verzehrt,
seist Du, Gottvater, recht geehrt.
Du gibst uns Speisen ohne Zahl,
gibst Christus uns im Abendmahl,
bis wir, von Dir ganz neu gemacht,
für immer schauen Deine Pracht.

Der Mundschutz – Frühjahr 2020

Auch ich muss in Corona-Tagen
den ungeliebten Mundschutz tragen,
der wirkt, die Brille zu beschlagen;
doch muss ich dieses dazu sagen:
Es ist von jedem einzusehen,
dass solche Maßnahmen geschehen,
damit bald die Coronaviren
die schadhaft große Kraft verlieren,
die Menschen in das Bett zu zwingen
und oftmals gar zum Tod zu bringen.
Es soll ja bald für unser Leben
dann wieder alle Freiheit geben,
die im Gesetz uns zugewiesen
und die wir konnten einst genießen.
Und alle die, die leiden mussten
an Geld- und anderen Verlusten,
die sollten durch vermehrte Gaben
auf jeden Fall die Chance haben,
dass weiter sie bestehen bleiben
und für uns gutes Werk betreiben.
Wenn wir auch wollen wieder reisen
und in den Gaststätten gut speisen
und dass man auf Kulturgenüsse
recht bald nicht mehr verzichten müsse
und auch auf viele andre Sachen,
die nötig sind und Freude machen.
Damit dies bald schon kann geschehen,
woll'n gern wir jetzt mit Mundschutz gehen.

Nachhalliges

Es war'n bei Kapitänen Dänen,
die in den Pyrenäen nähen.
Der auf der Promenade nahte,
mir nun die Schokolade lade.
Weil gut mir die Maschinen schienen,
sie sollen für Gardinen dienen.
Im Zoo wir Elefanten fanden,
die unsre Praktikanten kannten.
Es sprach im Paradiese diese,
dass sie mir Anneliese ließe.
Was sie aus den Kanzleien leihen,
sie dann in die Pfarreien reihen.
Man kann nicht Zigaretten retten,
verkauft den Letten man Buletten.
Sie uns mit Schillerlocken locken,
uns auch mit Artischocken schocken.
Ich sah, wie Ignoranten rannten,
weil dort die Ministranten stranden.
Es waren in Klamotten Motten,
die sich jetzt in Karotten rotten.
Die wir bei Premieren ehren,
sich wie die Ordinären nähren.
Die durch die Karawanken wanken,
dir nur noch in Gedanken danken.
Es sind gewiss Kantoren Toren,
wenn sie in den Laboren bohren.
Es tragen bei Psychosen Hosen,
die gern mit Aprikosen kosen.
Dass sie nicht beim Pfingstreiten streiten,
will er sie nach Mühlleithen leiten.

Nach früherer Hussiten Sitten
sie trotz der Hämorrhoiden ritten.
(Oder: auch viele Emeriten ritten)
Es sagte der Gebieter bieder:
„Das macht nur die Gemüter müder."

Evangelische Kirche heute

Die Kirche macht das Herz mir schwer,
denn sie zeigt dieses Bild:
Man weiß doch überhaupt nicht mehr,
was jetzt in ihr noch gilt.

Sie hat zwar das nicht abgeschafft,
was früher wichtig war,
doch was davon noch steht in Kraft,
ist überhaupt nicht klar.

Wenn man den Glauben jetzt bekennt,
man alte Worte spricht;
doch vieles, was man dabei nennt,
das glaubt man heute nicht.

Anstatt dass man auf Gott vertraut
und auf Seine große Macht,
man nur noch auf den Menschen schaut
und das, was er erdacht.

Wenn Kirche nicht mehr richtig glaubt,
und Gott nicht mehr ernst nimmt,
dann ist sie ihrer Kraft beraubt,
zum Untergang bestimmt.   *Vgl. Matthäus 5,13.*

Ach, Leute, seht doch endlich ein:
Nur dieses tut Euch gut
und kann für Euch die Rettung sein,
dass recht Ihr Buße tut.

An Pfarrer i. R. H.

Wie gut, dass da ein Pfarrer ist
mit christlicher Erkenntnis,
der mir befreundet ist als Christ
mit Poesie-Verständnis,

dem ich am frühen Morgen schon
das, was ich konnte dichten,
nach Anruf mit dem Telefon
mit Freuden kann berichten.

Es ist auch gut, wenn dann dabei
wir beide dieses merken:
dass gegenseitig uns wir zwei
in unserem Glauben stärken.

An eine liebe Frau

Was hast Du doch für einen Charme,
den Du kannst andern schenken!
Es wird mir um das Herz so warm,
wenn ich an Dich muss denken.

Und weil das doch recht oft geschicht
in diesen schweren Tagen,
man dennoch oft mich fröhlich sieht,
anstatt dass ich muss klagen.

Mein Leben mit Gott

An Gott den Vater glaube ich,
den Schöpfer dieser Erde.
Er sorgte einstmals schon für mich,
dass ich geboren werde.

Ich war auf einmal auf der Welt,
wo, wann das einst geschehen,
hat Gott, so wie es Ihm gefällt,
für mich einst ausersehen.

Gott gab da Geist und Körper mir
und Sinne, um zu sehen,
was da auf dieser Erde hier
so alles kann geschehen.

Gott schuf mich dabei auch als Mann,
verbunden mit dem Rechte,
dass Liebe ich empfinden kann
zum anderen Geschlechte.

Und dass ich nun ein Deutscher bin,
um hier als Mensch zu leben,
das nehme ich als Schicksal hin,
das mir von Gott gegeben.

Gott bot sich mir zum Helfer an,
als ich getauft einst worden,
weshalb ich zu Ihm beten kann,
egal an welchen Orten.

Weil Gott mir Seinen Geist verliehn,
kann ich den Herrn Ihn nennen
und Jesus auch und was durch Ihn
als wichtig mir erkennen.

Und darum will ich als ein Christ
auch fest auf Christus trauen,
dass, wie von Ihm versprochen ist,
ich Ihn einst werde schauen.

Johann Sebastian Bach und Dr. Andreas Tümpel

Bach war ein großer Komponist,
schrieb viele gute Noten,
von welchem überliefert ist
im Schatz der Anekdoten:

Der Name „Bach" ist viel zu schwach,
um diesen recht zu preisen.
Es müsste Meer und doch nicht Bach
der große Meister heißen. *Diese Äußerung stammt von Beethoven.*

Als guten Arzt in Zwickau hier
wir Dr. Tümpel kennen.
Den müssten mindestens dann wir
Herrn Dr. See doch nennen.

Leben in der Osterfreude

Dass wir Christen Ostern feiern,
liegt an folgendem Befund:
Es liegt nicht an Ostereiern,
Jesus Christus ist der Grund.

Jesus hat den Tod bezwungen,
trat in neues Leben ein,
hat den Ostersieg errungen,
ewig lebend nun zu sein.

Ich bin auf des Siegers Seite,
der zu Ostern auferstand,
dass auch mir Er Heil bereite,
denn ich bin in Seiner Hand.

Mag mir jetzt auch Leid geschehen,
nehm' ich das gelassen hin,
denn auch ich werd' auferstehen,
und dann ganz bei Gott ich bin.

Gott wird Herrliches mir geben
dann als den versproch'nen Lohn.
Dieses einmal zu erleben,
ist jetzt Grund zur Freude schon.

Wunsch und Wirklichkeit

Was mancher Mensch auf Erden schon
als Wunschbild sich erdachte,
als eine falsche Illusion
statt Gutem Unheil brachte.

Ob Marx es, ob's ein andrer war,
es hat oft schön geklungen,
doch stellte dann sich anders dar,
was aus ihm ist entsprungen.

Drum ist es falsch, auf Menschenwahn
im Leben zu vertrauen.
Was Gott in Christus hat getan,
nur darauf soll man bauen.

Und was uns da recht helfen kann
von dem, was einst gewesen,
kann in der Bibel jedermann
in seiner Sprache lesen.

Weil Jesus einst durch Gottes Geist
zur Welt Maria brachte,
uns Er, der Gottes Sohn doch heißt,
auch Gott zum Vater machte.

Durch Jesu Tod am Kreuz fand statt:
Vergebung wir bekommen,
weil er für uns die Strafe hat
für Schuld auf Sich genommen.

Und weil vom Tod Er auferstand,
hat sich für uns ergeben,
dass, wer sich glaubend Ihm verband,
wie Er kann ewig leben.

Weil Er ins Himmelreich trat ein,
als Himmelfahrt geschehen,
kann auch ein Christ in diesem sein,
um Ihn dort selbst zu sehen.

Drum gebe ich den guten Rat:
Willst Du gerettet werden,
nimm ernst, was Gott durch Christus tat,
und nicht, was andre lehrten.

Zwei Sichtweisen

Es ist der Fehler, den wir machen
und durch den so viel Leid geschieht,
dass andre Menschen, andre Sachen
man nur vom eignen Standpunkt sieht;

weil andre Menschen anders denken
und jeder anderes erlebt,
auf andres will die Augen lenken,
was zu erreichen man erstrebt.

Will man den Blick auf Gott erweitern
und dieser falsche Maßstab gilt,
dann muss man unausweichlich scheitern
mit einem falschen Gottesbild.

In Wirklichkeit steht Gott stets oben.
Er ist der Herr, der stets bestimmt,
egal ob Menschen dann Ihn loben,
ob Ihm das mancher übel nimmt.

Er kann uns Seine Normen setzen,
und Ihm gehorchen ist uns Pflicht;
und wenn wir schuldhaft sie verletzen,
hat Er das Recht auf Strafgericht.

Doch weil wir Gotteskinder heißen
und er uns als der Vater liebt,
woll'n gern wir Seine Güte preisen
für das, was Er aus Gnade gibt.

Verleumdung und die Bibel

Es geschieht in vielen Fällen,
dass uns dieses widerfährt,
dass die Menschen sich verstellen,
dass man sie als gut verehrt.

Und um besser zu erscheinen,
weil auf Wirkung man bedacht,
sie dabei als nötig meinen,
dass den andern schlecht man macht.

Schon vor jetzt 2000 Jahren
hat einst Paulus in Korinth
leidvoll an sich selbst erfahren,
dass so manchmal Menschen sind.

Dass sie ihn dort nicht mehr schätzen,
wie es doch nur war gerecht,
machte man mit bösen Sätzen
ihn dort als Apostel schlecht.   *2. Korinther 10 und 11*

Ebenso geschieht das heute,
weil man durch Verleumdung leicht
in den Augen vieler Leute
besser dazustehn erreicht.

Dabei sollten wir es merken,
wie auch Paulus das versteht,
dass es stets bei solchen Werken
um des Teufels Wirken geht.   *2. Korinther 11,14*

Drum entlarve solche Lügen
auf Gott trauend als ein Christ.
Lass an Christus dir genügen,
der in Schwachen mächtig ist.

Corona-Pandemie 2020 und christlicher Glaube

Jetzt die Corona-Pandemie
bereitet sehr uns Qualen.
An jedem Tag erwähnt man sie
und nennt stets neue Zahlen.

Nun weiß man längst, wo sie entstand
und wie es konnt' passieren,
dass in der Welt in jedem Land
man leidet an den Viren.

Doch traurig, wenn das alles ist,
was jetzt in unsern Tagen,
auch jeder, der bei uns ein Christ,
nur dazu hat zu sagen.

Wenn man an Gottes Allmacht glaubt,
wie Christen es bekennen,
dann ist es mehr als nur erlaubt,
noch mehr hier zu benennen.

Es ist der Mensch auf Erden nur
mit Tieren und mit Pflanzen
des Schöpfergottes Kreatur
als Teil von einem Ganzen.

Und wenn der Mensch noch mehr will sein,
sich über Gott erheben,
dann greift Er manchmal strafend ein,
wie wir das jetzt erleben.

Wenn solche Pandemie geschieht,
wie wir sie jetzt verspüren,
dann Gott als Vater uns erzieht,
will uns zur Demut führen.

Trotz Technik und der Wissenschaft,
trotz allem, was jetzt prächtig,
ist doch begrenzt des Menschen Kraft.
Es ist nur Gott allmächtig.

Das gilt es auch in unsrer Zeit
von uns recht einzusehen.
Man sei zum Dienst für Gott bereit,
dann wird uns Heil geschehen.

Das „Mehr" beim christlichen Glauben

Wer recht als Christ den Glauben hat,
merkt oft beim Weltgeschehen:
Es findet mehr auf Erden statt,
als unsre Augen sehen.

Einst Jesus man als Menschen sah,
wie andre Menschen leben;
doch kam in Ihm uns Gott ganz nah,
um uns das Heil zu geben.

Die Kirche ist voll Sünder hier.
Das lässt sich nicht bestreiten.
Doch Jesus Christus wirkt in ihr,
das Heil uns zu bereiten.

Die Bibel auch ein Buch nur ist
von menschlichen Autoren.
Doch spürt, wenn er sie liest, ein Christ:
Du bist zum Heil erkoren.

Im Abendmahl sind Brot und Wein
nicht nur, was wir empfangen;
denn Christus will dabei stets sein,
dass wir das Heil erlangen.

Und nimmt am Gottesdienst man teil,
sind Menschen da zugegen.
Doch wirkt auch Gott zu unserm Heil
und gibt uns seinen Segen.

Sommer 2020 in Deutschland

Wenn ich schnell sehr viele teste,
bin von allen ich der Beste,
was Herr Söder wollt' genießen,
hat als Irrtum sich erwiesen.

Denn es fehlten diese Listen,
wo all die erfasst sein müssten,
die beim Testen man entdeckte
als vom Virus Angesteckte.

Statt es Vorsprung ihm bereitet,
wurde Söder es zur Pleite
und zu einer neuen Hürde,
dass er Bundeskanzler würde.

Doch nicht jeder Mensch beklagte,
dass Herr Söder so versagte.
Laschet heimlich es belachte,
was man da in Bayern machte.

Wenn Politiker begehrten,
dass sie Bundeskanzler werden,
hoffen sie, dass Konkurrenten
möglichst im Verderben enden.

Gedanken eines alten Mannes

Es fällt auf dieser Erde hier
mir jetzt so manches schwer,
und deshalb wünsch' ich manchmal mir,
dass ich im Himmel wär'.

Denn dort in Gottes Ewigkeit,
da gibt es keine Not,
nicht Ärger, Krankheit, andres Leid
und auch nicht mehr den Tod.

Dort findet nur noch Schönes statt,
das Gott erleben lässt,
wie Jesus das verglichen hat
mit einem Hochzeitfest. *Matthäus 22,2; 25,1–13*

Weshalb ich Jesus dankbar bin,
dass dieses Er vollbracht,
dass auch für mich den Weg dorthin
er möglich hat gemacht.

Durch Kreuzestod und Auferstehn
und dann Im-Himmel-Sein
kann einmal auch bei mir geschehn,
dort zu treten ein.

Und diese Hoffnung tröstet mich,
wenn Leid mich ficht an,
dass einmal nach dem Tode ich
dann dies erleben kann.

Vergangenheitsbewältigung –
falsch oder richtig?

In einem Buche ist zu lesen,
dass einmal ist ein Mensch gewesen,
der einst in seiner Jugend Zeiten
ganz Fürchterliches musste leiden,
bei dem es aber kam zur Wende.
Sein Leiden hatte dann ein Ende.
Nun man den Mann als Grafen kannte,
„von Monte Christo" er sich nannte,
der nun – statt unten plötzlich oben –
begann, sich damit auszutoben,
dass er sich dann für alles Schlechte,
das man ihm angetan hat, rächte.
Und es gibt ganz gewiss auch heute,
die das genauso machen, Leute.
Sie wollen jetzt den Menschen schaden,
die ihnen scheinbar unrecht taten,
damit sie für ihr böses Treiben
den Menschen im Gedächtnis bleiben;
sie aber gut im Blickfeld stehen
bei dem, was früher mal geschehen,
und sie für dieses ihr Verhalten
genügend Beifall dann erhalten.
Ich frage mich bei solches Sachen:
Muss man es so im Leben machen?
Die Antwort hat für unser Leben
doch Jesus Christus uns gegeben.
Es soll der Mensch darauf verzichten,
selbst über andere zu richten,

zumal wir darin uns vereinen,
vor Gott als Sünder zu erscheinen,
und die Vergebung nötig haben
als Jesu Christi Gnadengaben.

Kritische Selbsterkenntnis

Wenn ehrlich zu mir selbst ich bin,
dann kommt mir dieses in den Sinn:
Ich war zwar Mensch in dieser Welt,
doch nie im Leben auch ein Held.
Ich habe nie mit meiner Kraft
besonders leicht sehr viel geschafft,
und wenn ich vor Problemen stand,
ich nie ganz leicht sie überwand.
Ich war auch nie ein solcher Mann,
der Frauen zog in seinen Bann,
und hatte nicht besonders viel
vom sogenannten Sex-Appeal.
So sehnte oft im Leben ich
nach Liebe und Verständnis mich.
Zwar wusste ich, weil ich ein Christ,
dass Gott mit mir barmherzig ist
und mich so wie ein Vater liebt
und, was mir nötig ist, gern gibt.
Auch habe ich es selbst gespürt,
wie wunderbar Er mich geführt.
Doch weil ich Mensch von Fleisch und Blut,
tut dieses immer mir auch gut,
wenn ich ein liebes Wort vernahm,
das wirklich aus dem Herzen kam,
wenn ich ein echtes Zeichen sah,
dass jemand mir im Herzen nah,
wenn ich bei jemandem gemerkt:
Er hat mich innerlich gestärkt.
Wenn jemand mir bot Hilfe dar,
wenn ich einmal in Nöten war.

Ich hoffe, dass dem, der mir gab,
ich auch etwas gegeben hab'
und dass mal Christus irgendwann
ihm rechnet das zum Guten an,
wenn über alles in der Welt
Er einmal den Gerichtstag hält.

Das Impfproblem

Auch mir bereitet nicht Genuss,
wenn ich die Maske tragen muss.
Mir läuft da auch die Brille an,
dass nur noch schlecht ich sehen kann.
Doch trage ich sie lieber still,
weil ich nicht furchtbar sterben will.
Auch will ich nicht, dass es passiert,
dass man durch mich wird infiziert.
Es fällt auch schwer mir zuzusehn,
wenn die Geschäfte pleitegehn
und manches Unternehmen schließt,
weil nichts mehr in die Kasse fließt.
Da ist es besser, wenn man impft,
als dass auf Politik man schimpft.
Doch Deutsche gebt das BioN Tech
nicht mehr so viel an andre weg!
Ihr habt genug von dem dann da
und braucht nicht AstraZeneca.

Belehrung für einen Fußballmuffel

Wie ist Fußball zu genießen,
wenn die Spieler Tore schießen!
Wenn sie eine Flanke schlagen
oder einen Fernschuss wagen!
Und es auch mal kann geschehen,
dass sie in dem Abseits stehen,
wenn sie Ballgewinn erzielen,
ohne dass ein Foul sie spielen,
wenn der Torwart durch Paraden
abwehrt von der Mannschaft Schaden,
wenn die Vorderleute klären,
auf dass sie dann Sieger wären,
wenn bei einem sie entdecken:
Dieser Mann schießt gute Ecken!
und man merkt bei einem Passe:
Wer ihn schoss, ist große Klasse!
Auch ein guter Freistoßschütze
ist der Mannschaft oftmals nütze.
Manchmal sieht man einen Täter,
der verursacht den Elfmeter,
mancher großes Pech auch hatte,
dass sein Schuss ging an die Latte.
Mancher schaute dann verdrossen,
der ein Eigentor geschossen.
Mancher kriegt auch mal durch harte
Fouls dann eine gelbe Karte,
wobei stets ihm dieses drohte:
Nächstes Mal gibt's eine rote.
So sieht man doch wirklich vieles
bei dem Anblick eines Spieles.

Perspektivisches Denken

Wenn Ihr bei andern Menschen seht,
dass keiner wirklich Euch versteht,
dann wendet Euch doch im Gebet
an Gott, dem es um Euch doch geht.

Es kam vor vielen Jahren schon
von Himmel von des Vaters Thron
der Mensch geword'ne Gottessohn.
Er bringt uns Ewigkeit als Lohn.

Damit mir dies wird zum Gewinn
hab Jesus ich in meinem Sinn
und gebe Ihm mich gläubig hin,
damit ich ewig bei Ihm bin.

Auch bitte ich Euch: Denkt daran,
dass Euch nach Eurem Tode dann
nur Jesus Christus retten kann.
Noch bietet Er Euch Gnade an.

Corona – Perspektivisches

Corona macht es jetzt zur Pflicht,
vor Mund und Nase im Gesicht
dass man da eine Maske nimmt.
So hat es unser Staat bestimmt.

Die meisten Leute finden gut,
dass jeder Mensch so etwas tut,
weil es der Allgemeinheit nützt,
wenn so man sich und andre schützt.

Verbote schützen uns auch sehr
auf unsern Straßen beim Verkehr,
wo man den andern fahren lässt,
stellt man ihm die Vorfahrt fest.

Und wenn dabei noch Strafe droht
bei Übertretung vom Verbot,
dann hält man klüglich sich daran,
weil einem Strafe schaden kann.

Als Christ und Pfarrer frage ich
dabei seit langer Zeit schon mich,
warum das selten findet statt
bei dem, was Gott verboten hat.

Bei Übertretung ist da doch
der Schaden sehr viel größer noch,
denn ewig gilt das Strafgericht,
wenn Gott einmal Sein Urteil spricht.

An K. A.

Zu Jesus Christus umzukehren,
das hat auf alle Fälle Sinn.
Wie uns der Bibel Worte lehren,
führt Jesus stets zum Heile hin.

Er will uns Sünder nicht verdammen.
Man kann auf Seine Güte trau'n.
Er will, dass Du mit mir zusammen
einst Gottes Herrlichkeit wirst schau'n.

Der Mensch von heute und Christus

Der Mensch von heute strebt nach Geld,
nach Lust, Macht, Ehrung in der Welt,
wobei er allzu gern vergisst,
dass jeder Mensch doch sterblich ist.

Und dass, wie in der Bibel steht,
es nach dem Tode weitergeht,
dass jeder muss vors Weltgericht,
ob ihm das lieb ist oder nicht.

Und dort entscheidet Jesus dann,
wer ewig ins Reich Gottes kann
und wer zu ewigem Verdruss
dann im Verderben leiden muss.

Drum frage nach Gott immerzu,
und was Er uns befahl, das tu,
und halte Dich an Jesus fest,
dass Er zum Heil Dich kommen lässt.

Denn Er macht uns das Angebot:
„Ich rette Euch aus Eurer Not.
Ich mache Euch von Sünden rein
und fähig, ganz bei Gott zu sein."

Nochmals von Frauen

Dass dies die Anneliese tu,
die Anne ließ es wohl zu.
Es ist nicht wahr, was Astrid spricht,
denn auf dem Ast ritt Astrid nicht.
Erschrecken würde Bertha sehr,
wenn jetzt bei uns ein Bär da wär'.
Es briet da Brita gestern spät,
viel später als sonst Brita brät.
Es gab Charlotte uns bekannt,
dass die Schar Lotte doch dann fand.
Was da die Hilde gart am Herd,
ist für die Hildegard von Wert.
Wir trafen neulich Jaqueline,
der wir zum Schutz die Jacke liehn.
Er sprach, er ließe Lotte dies,
was Lieselotte er verhieß.
Was meint er, dass Pauline denkt,
wenn das denn der Paul Ine schenkt?
Ein Ren Renate nahte sich;
nun renn, Renate, rette dich!
Vor Jahren riet da Rita gut,
weil sie, was Rita riet, da tut.
Serviert hat sie den Tee apart,
sodass er sich mit Thea paart.

Das Wirken Gottes in der Natur

Damit auf Erden deutlich wird,
dass jeder, der Gott leugnet, irrt,
sieht Seiner großen Weisheit Spur
man an den Werken der Natur.

Wer machte, dass der Sonne Schein
es auf der Erde hell lässt sein
und dass sie so viel Wärme bringt,
dass hier zu leben uns gelingt?

Wer stellte bei der Erde an,
dass sie von selbst sich drehen kann
und dass sie so es möglich macht,
dass überall mal Tag, mal Nacht;

dass manchmal von dem Himmelszelt
der Regen auf die Erde fällt
und dass der Jahreszeiten Lauf
bis jetzt noch niemals hörte auf?

Schau, wie es Gott geordnet hat,
dass dies auf Erden findet statt,
dass, wo der Mensch den Samen sät,
so viel an Nahrungsgut entsteht;

dass später nach der Ernte dann
ein jeder so viel essen kann,
dass er durch dieser Nahrung Kraft
so viel in seinem Leben schafft!

Und schau auf eine Made doch,
die erst nur in der Erde kroch
und die dann neues Leben kriegt,
dass als ein Schmetterling sie fliegt!

So rechtem Christen es ergeht,
dass neu vom Tode er ersteht
und dann in geistlicher Gestalt
genießt bei Gott den Aufenthalt.

Das Kirchenjahr

Im Kirchenjahr die Kirche lässt
erkennen jeweils durch ein Fest,
wie wichtig Gottes Handeln ist,
damit man niemals das vergisst.

1.) Advent
    Man schuf als Vorbereitungszeit,
    damit man dafür wird bereit,
    vier Sonntage, die man jetzt kennt
    als vor der Weihnacht der Advent.

2.) Weihnachten
    Weil Gottes Geist am Werke war,
    Maria einst ein Kind gebar,
    das dann als Mensch und Gott zugleich
    uns nahebrachte Gottes Reich.

3.) Epiphanias
    Damit die Menschheit recht erkennt,
     dass Jesus Gottes Sohn man nennt,
    tat Gott durch Offenbarung kund,
    dass dies ist unsres Glaubens Grund.

4.) Passionszeit
    Weil man in dieser unsrer Welt
    oft das nicht tut, was Gott gefällt,
    fand auch bei Jesus dieses statt,
    dass furchtbar Er gelitten hat.

5.) Karfreitag
Nach Gottes Willen dann geschah,
dass an dem Kreuz auf Golgatha
uns Jesus hat durch Seinen Tod
erlöst aus unsrer Sündennot.

6.) Ostern
Doch bald man Ihn im Grab nicht fand,
weil Er vom Tode auferstand.
Von Menschenschwachheit nun befreit
lebt Er seitdem in Ewigkeit.

7.) Himmelfahrt
Ins Gottesreich kam Er retour,
als auf Er in den Himmel fuhr;
und wer das ernst nimmt, was Er sprach,
folgt nach dem Tod Ihm darin nach.

8.) Pfingsten
Damit genug von Gott du weißt,
gab Gott uns Seinen Heil'gen Geist,
der dann in uns als Seine Kraft
das Glauben, Lieben, Hoffen schafft.

9.) Trinitatis
Und weil so Gott an unserem Heil
als Vater, Sohn und Geist hat teil,
hat Trinitatis man gemacht,
damit dies stets wird recht bedacht.

10.) Erntedankfest
Als Menschen auf der Erde hier
stets neue Nahrung brauchen wir;
und weil uns Gott sie wachsen lässt,
wir feiern Erntedank als Fest.

11.) Reformation
Wie Martin Luther uns gelehrt,
ist Kirche dann von rechtem Wert,
wenn es stets neu ihr darum geht,
dass Christus in der Mitte steht.

12.) Ewigkeitssonntag
So wie des Kirchenjahres Lauf
hört auch des Christen Leben auf.
Jedoch es seinen Fortgang nimmt.
Man ist zur Ewigkeit bestimmt.

Technik und christlicher Glaube

Es können in der Welt die Leute,
weil dies die Technik bietet dar,
sehr vieles besser machen heute,
als ihnen früher möglich war.

So heilt man menschliche Beschwerden
zwar besser als in früh'rer Zeit,
jedoch kann das geheilt nicht werden,
wonach des Menschen Seele schreit.

Die Technik kann nicht Liebe geben.
Es zählt bei ihr Erfolg allein.
Sie lässt uns Menschen nicht erleben:
Ich will mit Dir barmherzig sein.

Und weil bei Menschen Liebe schwindet,
weil jeder nur an sich noch denkt,
ist nötig, dass man dort sie findet,
wo jemand gern sie reichlich schenkt.

Drum sollte man an Gott sich wenden,
Er bietet sich als Vater an,
kann alle Not bei uns beenden,
weil Er uns liebt und alles kann.

Er kann aus Lagen uns befreien,
wo nur noch man Verderben sieht,
und kann uns unsre Schuld verzeihen,
sodass ins Herz dann Frieden zieht.

Mensch, Mitmensch und Gott

Wenn man geboren wird als Kind,
egal in welchen Landen,
gibt's Menschen, die die Eltern sind
und dann auch die Verwandten.

Ob auf dem Dorf, ob in der Stadt,
stets wird es Menschen geben,
die man als seine Nachbarn hat,
die in dem Ort auch leben.

Ob Schule, Arbeit, Militär,
wir gehen, sitzen, stehen,
stets ist dabei noch irgendwer,
den neben uns wir sehen.

Und wer durch Liebe spürt den Drang,
den Ehebund zu schließen,
der kann danach ein Leben lang
die Zweisamkeit genießen.

Auch müssen wir so manches Mal
an einen Arzt uns wenden.
Dort sehen wir im Wartesaal
auch andere Patienten.

Und gehen wir von zu Hause fort,
um etwas einzukaufen,
dann sind auch andere Leute dort,
die deshalb hingelaufen.

Doch nicht die Menschen sind allein
uns Partner hier auf Erden.
Auch Gott will gegenwärtig sein
und recht beachtet werden.

Durch Gott einst diese Welt entstand
mit Sonne, Mond und Sternen
und der Natur in jedem Land,
den nahen und den fernen.

Gott stellte alles herrlich an:
Die Erde kann sich drehen
und aus dem Weizensamen kann
ein Weizenfeld entstehen.

Beim Menschen hat es Gott bestimmt,
ob Mann, ob Frau er werde
und wann das Leben Anfang nimmt
auf dieser unsrer Erde.

Gott will, so wie ein Vater tut,
was nötig uns bescheren
und dem, was für uns gar nicht gut,
bevor es schadet, wehren.

Man kann in aller seiner Not
an Gott sich betend wenden;
dann wird, was uns als Unheil droht,
zu unserem Besten enden.

Man kann sich glaubend ganz und gar
Gott als dem Herrn ergeben;
dann kann man manchmal wunderbar,
wie Er uns hilft, erleben.

Dann folgen wir, wie Jesus sprach,
wenn wir Ihn ernst genommen,
Ihm in der Auferstehung nach,
um ganz zu Gott zu kommen.

Leben als von Gott Erwählter

Bist Du als Mensch von Gott erwählt,
vor allem Gottes Wille zählt.
Reizt Dich als Mensch auch manchmal Lust,
Du doch stets Gott gehorchen musst.

Und willst Du Gott gehorsam sein,
stehst in der Welt Du oft allein,
weil kaum ein andrer Mensch versteht,
dass es zuerst um Gott Dir geht.

Denn leider ist der Mensch beschränkt,
dass er an sich vor allem denkt
und dabei sich in dieser Welt
auch für den Allergrößten hält.

Drum sei in dieser Welt zum Leid,
das Teil des Lebens ist, bereit;
und stets sei dies von Dir bedacht,
was man mit Jesus hat gemacht.

Doch was von Gott Dir widerfährt,
ist tausendmal dies Leiden wert,
denn Gottes Geist zieht bei Dir ein
und Gott selbst will Dein Helfer sein.

Erleben kannst Du wunderbar,
wie Gott Dich rettet aus Gefahr
und wie Dir auch ein Leiden dann
zu einem Segen werden kann.

Und hilft Dir Gott auf Erden schon,
so wird viel schöner noch der Lohn,
den nach dem Ende dieser Welt
der, der an Christus glaubt, erhält.

Die Bibel diese Gottespracht
in schönen Bildern deutlich macht,
und ganz von allem Leid befreit
lebt ewig man in Herrlichkeit.

Vgl. Matthäus 25 und Offenbarung 21.

Warnung und Weisung

O Mensch von heute, lass dich warnen,
du hörst und siehst wohl heute viel;
doch will zumeist man dich umgarnen
für eigenes perfides Spiel.

Lass dir den Maßstab nicht zerstören,
der als von Gott gesetzt besteht:
dass recht auf Gottes Wort wir hören
und zu Ihm sprechen im Gebet.

Es kann dir scheinbar Nachteil bringen,
hast du den Mut zu diesem Schritt,
dass anderen nicht kann gelingen,
dass du ihr böses Spiel machst mit.

Doch kannst du Gottes Beistand spüren,
der wunderbar dir helfen kann;
und Er wird dich getreulich führen,
bis du am rechten Ziel kommst an,

dass man bei Gott im Himmelreiche
dann ewig lebt vom Leid befreit
und so den Engeln Gottes gleiche
im Schauen Seiner Herrlichkeit.

Corona-Lehren

Wenn irgendwer „Wir schaffen das!"
so überheblich spricht,
da kommt dann doch mal irgendwas,
das schafft so leicht man nicht.

Es ist wohl nötig, dass man still
wird und bescheiden denkt
und so dann sagt: „Wenn Gott es will
und Seine Gnade schenkt."   *Jakobus 4,15*

Gott hat uns Grenzen doch gesetzt.
Dazu hat Er das Recht;
und wenn der Mensch stolz sie verletzt,
so geht es ihm dann schlecht.

Wenn unter Gott der Mensch sich stellt
und Seinen Willen tut,
dann geht trotz Schwachheit in der Welt
es ihm im Tiefsten gut.

Strafe Gottes oder nicht?

Sehr großes Unheil bringt den Leuten
jetzt die Corona-Pandemie,
doch niemand wagt es jetzt zu deuten
als eine Strafe Gottes sie.

Wenn sogar Pfarrer es nicht wagen,
dass man von Strafe Gottes spricht,
dann ist die Bibel zu befragen,
ob das denn recht ist oder nicht.

Es steht vom Menschen da geschrieben,
der ungehorsam sich verhielt,
dass aus dem Paradies vertrieben
als Strafe er von Gott erhielt.   *1. Mose 3*

Gewiss ist es nicht so zu fassen:
Ein Leiden muss stets Strafe sein;
doch muss man Gott das Recht auch lassen,
dass manchmal strafend Er greift ein.   *Lukas 13, 1–4*

Man kann es in der Bibel lesen,
dass weil der Mensch gesündigt hat,
die große Sintflut ist gewesen,
die als ein Strafgericht fand statt.   *1. Mose 6–8*

Auch zeigt das zweite der Gebote
dem, der nicht Gottes Namen ehrt,
dass Gott mit Seiner Strafe drohte,
die einem solchen widerfährt.   *2. Mose 20, 7*

Als David eine sich genommen,
mit der er dann die Ehe brach,
ist Nathan, der Prophet, gekommen,
der da von Schuld und Strafe sprach.   *2. Samuel 11 und 12*

So war's bei vielen der Propheten.
Sie drohten Gottes Strafe an
und so wie sie erst mussten reden,
so kam es wenig später dann.
Siehe: Jesaja, Jeremia, Hesekiel, Hosea, Amos und andere

Dass Gott wir unsern Vater nennen,
heißt nicht, dass Strafe nicht geschieht.
Man sollte auch bei Gott erkennen,
dass Er auch strafend uns erzieht.   *Hebräer 12, 6–11*

Wie Jesus hat vorausgesehen,
dass auf sie Gottes Strafe käm',
ist es dann wirklich auch geschehen
mit dieser Stadt Jerusalem.   *Matthäus 23, 37–39*

Wenn dann am Ende aller Tage
Gericht hält Jesus, Gottes Sohn,
gibt es für viele ew'ge Plage,
für andere den ew'gen Lohn.   *Matthäus 25, 31–46*

Ich will die Gnade Gottes preisen
und nehme sie im Glauben an.
Jedoch ist darauf hinzuweisen,
dass Gott auch anders handeln kann.

Wahrheit und Liebe

Es will uns Gott die Wahrheit sagen,
die leider mancher nicht gern hört,
denn dabei muss man es ertragen,
dass unsere Mauern Er zerstört.

Doch bist bereit du, zuzugeben,
dass du als Mensch ein Sünder bist,
dann kannst du wunderbar erleben,
dass Gott der Herr barmherzig ist.

Gott will sich so zu uns verhalten,
dass Er uns wie ein Vater liebt.
Er lässt uns das von Ihm erhalten,
was es an Lebensgütern gibt.

Und weil uns Gott so will beschenken,
uns so viel Gutes widerfährt,
soll liebend man an andre denken,
so wie es Jesus hat gelehrt.

Es will uns Gottes Geist doch leiten,
der uns zur Nächstenliebe drängt,
dass wir den andern das bereiten,
was jeder Christ von Gott empfängt.

Gottes und des Menschen Tun

Was wirklich wichtig ist, beruht
in dem, was Gott in Allmacht tut,
auch wenn der Mensch auf Erden jetzt
zumeist sich maßlos überschätzt.

Bei jedem hat es Gott bestimmt,
wann Leben seinen Anfang nimmt
und auch das Land, in dem es war,
dass eine Mutter ihn gebar.

Und Leben findet auch nur statt,
weil Gott all das geschaffen hat,
was jeder Mensch dann haben muss
als Trank und Speise zum Genuss.

Und gäbe es die Sonne nicht,
die täglich Wärme gibt und Licht,
könnt' man die Luft nicht atmen ein,
dann würd' kein Leben möglich sein.

Und lebt ein Mensch dann als ein Christ,
die Taufe grundlegend stets ist,
und wichtig ist bei ihm auch da,
was, wie es Jesus sprach, geschah.

Und wer ein rechter Christ ist, spürt,
wie herrlich Gott uns Menschen führt,
wie oft Er hilft auf manche Art
und in Gefahren oft bewahrt.

Und wer mit Ihm verbunden, merkt,
wie Er uns tröstet und uns stärkt,
wie auch auf manchem Segen liegt,
das man als Leid zu tragen kriegt.

Besonders zeigt es sich beim Tod,
der jedem Menschen einmal droht,
wie es durch Gott dann weitergeht,
was dazu in der Bibel steht.

Am Jüngsten Tag beim Strafgericht
gibt es für den die Rettung nicht,
der immer nur an sich gedacht
und über andre Leid gebracht.

Ein rechter Christ wird Christen gleich
dann aufgenommen in Sein Reich,
um ewig dort zu leben dann,
wo man sich nur noch freuen kann.

Drum sehe jeder Mensch es ein:
Gott muss an erster Stelle sein;
und weil Er uns als Vater liebt,
ist alles gut, was Er gibt.

Glaubensgewissheit

Wenn ich auch manchmal leiden muss
und Gott nicht das, was ich will, tut,
so weiß ich doch: Es wird am Schluss
durch Jesus Christus alles gut.

Gott hat mit uns ein großes Ziel
und will, dass man das auch erreicht.
Doch gibt es an Versuchung viel,
dass man vom Wege dorthin weicht.

Deshalb uns auch die Bibel warnt;
und sie gibt dazu uns die Kraft,
dass uns der Teufel nicht umgarnt
und man den Weg des Glaubens schafft.

Weil Gott uns schwache Menschen kennt
und uns als Seine Kinder liebt,
Er uns Sein Wort und Sakrament
als Seine Gnadenmittel gibt.

Und halte ich an Christus fest
und nehme, was Er schenkt, gern an,
dann Er an mir geschehen lässt,
dass Seinem Weg ich folgen kann.

Wenn ich dann in dem Himmel bin,
wohin mich Christus hat gebracht,
sag' ich zu Ihm mit frohem Sinn:
Gott hat doch alles gut gemacht.

Johannes R. Becher und ich

Auferstanden aus Ruinen
ist das Haus, wo ich gewohnt.
Möge es den Menschen dienen,
dass sich dort das Wohnen lohnt.

So wie die Löbauer Straße
einst ein Prunkstück Leipzigs war,
möge in demselben Maße
sie sich stellen dar, sie sich stellen dar.

(Zu singen nach der Melodie von Hanns Eisler,
dem Komponisten der DDR-Nationalhymne)

Hochgelehrtes

Gelehrten reichte man jetzt Listen
von allen gut geleerten Kisten.
Der Lehrsaal nicht so leer jetzt wäre,
würd er nicht lehren leere Lehre.
Die Lehrer in den Schulen lehrten,
dass jetzt mehr Flaschen leerer werden.
Wer Briefkästen recht leert, viel wert ist,
auch wenn er völlig ungelehrt ist.
Es musste er vor leeren Bänken
an seine guten Lehren denken.
Ein Lehrfilm wollte dies uns sagen,
wie stets man sollte Leergut tragen.
Er konnte sehr gelehrt erklären,
wie man recht muss den Darm entleeren.
Belehrung könnte man vermeiden,
wenn Leerung ist zu festen Zeiten.
In leerer Halle Lehrer saßen,
weil ihre Lehre leere Phrasen.
Was er in Leer von Laertes* lehrte,   *Vater des Odysseus
war lehrmäßig von hohem Werte.

Erfülltes Leben

So ist es jetzt in unserer Welt,
in der wir Menschen leben,
dass wir nach dem, was uns gefällt,
nach Lebensfreude streben.

Jedoch bei aller Sinnenlust,
bei irdischem Vergnügen,
ist tief im Innern uns bewusst,
dass wir uns da belügen.

Und ist der Mensch sogar bereit
zu wirklich schlimmen Sünden,
dann merkt er nach gewisser Zeit,
dass sie ins Elend münden.

Was ist für uns der wahre Schatz,
die Fülle guter Gaben?
Wo ist nur dürftiger Ersatz,
wo wir den Schein nur haben?

Was macht des Menschen Seele satt,
wer kann das Rechte bieten?
Was da die Welt zu bieten hat,
gibt nicht der Seele Frieden.

Weil Gott recht kennt der Menschen Not,
hat Christus er ersehen,
dass durch Sein Gnadenangebot
die Rettung kann geschehen.

Wenn Christus du als Heiland hast,
kannst du den Frieden spüren.
Er macht dich frei von aller Last,
will in Sein Reich dich führen.

Drum halte dich an Christus fest,
du wirst es nicht bereuen.
was Er dich dann erleben lässt,
wird ewig dich erfreuen.

Zwei Wege der evangelischen Kirche

Wer in der Kirche etwas sagt,
das Grünen, Roten nicht behagt,
erlebt dann gleich ein Feldgeschrei,
was für ein schlimmer Mensch er sei.
Doch greift einmal ein Kirchenmann
die Grundlagen der Kirche an,
wenn er im Grunde dies erklärt,
was Jesus tat, ist nicht viel wert,
weil unser Heil in dem beruht,
was für die Welt die Menschheit tut,
dann tadelt diesen Mann man nicht,
auch wenn er solche Worte spricht.
(Natürlich tut man das genau-
so, tut es eine Frau.)
Ich frage mich bei allem bloß:
Was ist in unserer Kirche los?
Doch tröstet mich, dass Gott es sieht,
was heute so bei uns geschieht,
und bei dem ist, der weiter fest
auf Gott sich und Sein Wort verlässt
und ernst zu nehmen ist bedacht,
was Christus hat für uns vollbracht,
und der mit Gottes Hand beschenkt,
dann nicht nur irdisch-menschlich denkt.

Christenhoffnung

Wenn irgendwann ich sterben muss,
dann ist für mich noch längst nicht Schluss.
Der Leib, mit dem gelebt ich hab',
muss nach dem Sterben zwar ins Grab,
jedoch für die, die Christen sind,
ein völlig neues Sein beginnt,
weil es für uns so weitergeht,
wie es doch in der Bibel steht.
Zwar hält einst Christus das Gericht,
doch fürchtet da ein Christ sich nicht,
denn für ihn findet Gnade statt,
weil Gott ihm Schuld vergeben hat
und weil durch Seines Geistes Kraft
so manches Gutes er geschafft,
so wie es Gott von dem verlangt,
der Sein Erbarmen hat erlangt.
Ein Mensch, der immer ganz und gar
an Jesus Christus glaubend war,
dem setzt, vertrauend auf Sein Wort,
das Leben sich, wo Er ist, fort.
Er lebt von allem Leid befreit
bei Ihm in Seiner Herrlichkeit
und schaut die wunderbare Pracht,
die Gott ihm möglich hat gemacht,
dass nur noch Freude da geschieht
bei allem, was er hört und sieht,
und das, so wie die Bibel schreibt,
für immer dann erlebbar bleibt.
Dass Gott mir wahr das werden lässt,
das glaube ich Ihm felsenfest,
und das bereitet Freude mir
schon jetzt auf dieser Erde hier.

Tischgebet IV

Wenn wir jetzt all die Dinge sehen,
die vor uns auf dem Tische stehen,
die schönen Speisen und Getränke,
dann ist es recht, dass man bedenke,
von wem als Schöpfer dieser Gaben
wir letztlich sie jetzt vor uns haben.
Drum wollen wir vor dem Verzehren
Dich, Gott, als unsern Schöpfer ehren.
Wir wollen Dich für diese Speisen
und alles, was Du gibst, stets preisen.

Geschüttelte Reimereien

Bei dem Flieder dieser Bieter
wirkte bieder, doch jetzt flieht er.
An der Saale dort im Tale
sprach von Thale er im Saale.
Trägst im Leide du auch Seide,
man zur Seite dich dann leite.
Dort in Rathen nicht zu baden,
will in Baden er mir raten.
Schöne Weisen singen Meisen,
die nach Meißen mich dann weisen.
Weil die Bären sich so mehren,
pflückt in Mähren man jetzt Beeren.
Auf der Weide war ein Heide,
der der Heide ganz sich weihte.
Weil im Walde es so hallte,
nach der Halde er dann wallte.
Viele Leute sagen heute:
Er kauft Häute, wenn es läute.
Zu den Fliesen sie uns wiesen,
wo durch Wiesen Bäche fließen.
Bei den Zechen sie sich rächen
mit dem Rechen, wenn sie zechen.
Nahrung fassten sie beim Hasten,
denn sie hassten unser Fasten.
Was sie roden, schaffen Boten
auf dem Boden zu den Roten.
Mich zum Rasen brachten Phrasen,
als sie fraßen auf dem Rasen.
Manche sonnten sich mit Konten,
weil sie's konnten bei den Sonden!
An den Küsten sie sich brüsten,
dass an Brüsten sie sich küssten.

Karfreitag und evangelische Kirche heute

Dies ist für mich ein Grund zum Klagen:
Wenn Pfarrer es in unseren Tagen,
weil es der Zeitgeist will, nicht wagen,
was biblisch ist, uns klar zu sagen,
dass Christus das am Kreuz vollbrachte,
was Schuldvergebung möglich machte;
dass Er da tat das Allergrößte,
dass Er von Sünden uns erlöste,
dass Gottes Huld Er uns erworben,
weil Er am Kreuz für uns gestorben,
dass Er, den man so schlimm verhöhnte,
mit Gott dem Vater uns versöhnte,
dass es durch Seinen Tod geschehen,
dass man vor Gott nun kann bestehen
und weil durch Christi Schuldvergeben,
man Zugang hat zum ew'gen Leben.
Wenn Jesu Leiden nur geschehen,
dass Er uns besser kann verstehen,
weil sich bei uns nicht lässt vermeiden,
dass auch wir heute manchmal leiden,
wenn wir, ganz ohne zu erröten,
das leugnen, was für uns vonnöten,
weil wir es als nicht nötig meinen,
vor Gott als Sünder zu erscheinen
und deshalb Christi Gnadengaben
im Grunde gar nicht nötig haben,
dann hat zu ihrem eignen Schaden
die Kirche ihren Herrn verraten.
Bei Luther man mal lesen sollte,
ob so etwas er damals wollte.

Ostern und evangelische Kirche heute

Die Kirche redet auch verdreht,
wenn es bei ihr um Ostern geht.
Es geht, so wird es hingestellt,
um Neuanfang in dieser Welt,
so wie nach einer Krise dann
es wieder besser werden kann,
wo eben dieses findet statt,
dass man dann neue Chancen hat.
Das hat für Christen dann den Sinn,
dass es uns weist auf Christus hin,
der, wie uns Christen ist bekannt,
mal früher starb und auferstand.

So nach einem Interview von Landesbischof Bilz
in der Zeitung „Freie Presse" von Ostern 2020.

Dabei sagt doch die Bibel klar,
was Jesu Auferstehung war.
Im Grab hat niemand ihn entdeckt,
weil Gott vom Tod Ihn auferweckt,
und so trat Jesus zu Ostern ein
in neues Unvergänglichsein,
und Jesus lebt seit dieser Zeit
in geistlich neuer Leiblichkeit
von allem Irdischen befreit
für ewig frei von allem Leid.
Für uns ist nun von großem Wert,
dass daran Anteil Gott gewährt,
und diese Hoffnung gibt uns Kraft,
dass in der Welt man Gutes schafft
und dabei dieses auch erträgt,
dass manchmal hart ein Leiden schlägt,

wobei ein Christ auch anerkennt,
dass der, den man den Schöpfer nennt,
dem Menschen, der sich überschätzt,
auch strafend seine Grenzen setzt,
damit er sich vom Stolz entfernt
und wieder neu die Demut lernt.

17. April 1945 und 2020 in Zwickau

Im 4. Monat dieses Jahres,
am 17. April, da war es,
dass in der Zeitung war zu lesen,
was da in Zwickau war gewesen,
genau vor 75 Jahren,
als Nazis an der Macht noch waren,
was in des Krieges letzten Tagen
in Zwickau sich hat zugetragen.

Der Krieg, von Deutschland aus begonnen,
war von den Feinden längst gewonnen.
Im Osten die Sowjetarmeen
war'n schon im Deutschen Reich zu sehen.
Vom Westen her die Alliierten
auf Deutschlands Zentrum zumarschierten,
wo sie schon so viel überwanden,
dass sie direkt vor Zwickau standen.

Wie soll es nun weitergehen?
Was sollte mit der Stadt geschehen?
Die Amis wollten Zwickau schonen,
weil dort so viele Menschen wohnen,
und wollten dabei von den Ihren
auch keinen in dem Kampf verlieren.
Doch wollten dieses sie erleben,
dass sich die Zwickauer ergeben.

Und nun versammelte in Bälde
ein Oberstleutnant namens Welde
die Offiziere, dass man tage,
um zu besprechen jetzt die Lage.
Und als man dazu sich vereinte,

Herr Oberstleutnant Pfeifer meinte:
Es könnte unseren Soldaten
selbst bei den größten Heldentaten
doch nie und nimmermehr gelingen,
dass sie die Amis dazu bringen,
für Zwickau den Entschluss zu fassen,
die Nazis an der Macht zu lassen.
Es würde nur sehr große Leiden
den Menschen dieser Stadt bereiten,
mit dabei auch sehr vielen Toten;
d'rum hielte er es für geboten,
es wäre, ohne sich zu schämen,
das Angebot jetzt anzunehmen.
Und man beschloss, dass der Herr Welde
dem Oberbürgermeister melde,
dass er als Oberbürgermeister
– man wusste damals: Dost, so heißt er –
zugleich mit dem Parteikreisleiter,
und der bestimmt, mit wem noch weiter,
zusammen nun mit allen diesen,
doch möge es jetzt schnell beschließen,
dass nach dem Rat der Offiziere
man sofort jetzt kapituliere,
was sie nach einigem Beraten,
weil andres sinnlos war, auch taten.

Ein Hauptmann sollt' im Kübelwagen
hin zu den Amis, dies zu sagen.
In Zwickau sollten weiße Fahnen
zu friedlichem Geschehen mahnen.
Jedoch, wohin man da auch schaute,
kein Einziger sich das auch traute.

Es saß wohl sehr die Angst im Nacken,
es sei gefährlich, so zu flaggen,
weil Nazis alle die erschießen,
die Friedenswunsch erkennen ließen.

Doch einer dachte, solche Sachen
muss irgendjemand möglich machen.
Ein Luftschutzpolizist war dieser,
es war Herr Arno Rau, so hieß er.
er nahm sich ein weißes Laken,
um zu dem Dom ihn hinzutragen
und auf den Turm hinaufzusteigen,
um Wunsch nach Frieden anzuzeigen.
Es wollte keiner ihn begleiten,
das könnte Ärger ja bereiten.
So ist gewiss nicht mit Vergnügen
der Mann den Turm hinaufgestiegen,
um dort, getrieben vom Gewissen,
die weiße Fahne jetzt zu hissen;
und weil sie deutlich war zu sehen,
blieb es bei friedlichem Geschehen.
Es ist zur Freude da von allen
nicht mal ein einz'ger Schuss gefallen,
als die Amerikaner kamen
und Zwickau in Besitz dann nahmen.
(Nur Dost und Welde war'n verdrossen,
sodass sie sich dann selbst erschossen.)
Doch kamen leider dann nach Wochen
die Russen, denen man's versprochen.

Tischgebet V

Wenn sich Menschen auch geplagt,
dass das Essen uns behagt,
stellen wir doch dankbar fest,
dass Du, Gott, das wachsen lässt,
was als gute Nahrung dann
kommt in unserm Magen an.
Dafür wollen alle wir
jetzt von Herzen danken Dir.

Vom Erbarmen

Hast einen Menschen du sehr gern,
liegt das Erbarmen dir nicht fern.
Doch mehr noch, als dass du's empfängst,
ist dir, dass du's dem andern schenkst.

Resümee meiner Poesie

Da ich als Mensch ein Deutscher bin,
hab gern ich auf Deutsch geschrieben;
die Sprache gibt sich gern uns hin,
wenn wir sie ernsthaft lieben.

Ich kämpfe für die Menschlichkeit,
barmherziges Empfinden;
es macht mir Angst in unsrer Zeit,
dass da Gefühle schwinden.

Als Mensch bin ich zugleich ein Christ,
das ist für mich das Größte.
Vor allem für mich wichtig ist,
dass Christus uns erlöste.

Jesu Angebot *Johannes 6,66–69*

Er lädt uns alle zu sich ein.
Er will das Heil uns bringen.
Doch will Er kein Diktator sein,
will nicht zum Glauben zwingen.

Er stellt es uns auch wieder frei,
dass wir uns von Ihm wenden.
Doch blutet Ihm das Herz dabei,
denn das muss elend enden.

Wie Petrus schon gesagt es hat,
hat Er uns dies zu geben:
Es finden bei Ihm Worte statt,
in diesen liegt das Leben.

Er hilft uns schon in dieser Zeit,
wenn wir Ihm fest vertrauen.
Dann werden wir in Herrlichkeit
für immer auf Ihn schauen.

1. Korinther 9,16–23 und wir

Wir müssen wieder neu beginnen,
für Christus Menschen zu gewinnen,
und dürfen nicht darauf verzichten,
uns da nach Paulus auch zu richten,
der alle Menschen ernst genommen
und ihnen nahe ist gekommen,
bei Juden, Heiden und den Schwachen
versucht hat, auch sich so zu machen,
damit sie alle an ihm sehen,
er müht sich, alle zu verstehen,
damit es ihm recht kann gelingen,
das Evangelium zu bringen,
damit sie Jesus Christus hätten,
der dann für ewig sie kann retten.
Nun sieht man heute mit Bedauern:
Es gibt auch wieder hohe Mauern,
die anderen den Blick verbauen,
auf Jesus und das Heil zu schauen,
das Er den Menschen gern will geben,
damit durch Ihn sie ewig leben.
Wenn wir, von Gottes Geist getrieben,
die Menschen so wie Jesus lieben,
dann kann auch hier bei uns in Sachsen
die Kirche Jesu wieder wachsen.

Von Christus überwunden

Wenn es bei jemand dazu kam,
dass Christus in Beschlag ihn nahm,
so wie das einst bei Saul geschah,
der Christus als Erscheinung sah,
die ihm da wurde offenbar,
als dicht er bei Damaskus war,
um dort die Christen aufzuspür'n
und vor die Richter dann zu führ'n;
der, als er dies erlebte, dann
als Paulus völlig neu begann,
nachdem ihn Christus überwand,
dann ganz in Seinem Dienste stand,
und der von allen insgesamt
der Größte im Apostelamt.
Wer so im Dienste Christi steht
und wem es so um Christus geht,
den kümmert es bei andern nicht,
ob gut, ob schlecht man vom ihm spricht,
dem ist es wichtig dann allein,
im Dienst für Christus treu zu sein,
dass dies zu tun, man ist bedacht,
was seinem Herrn Freude macht,
und das bei einem findet statt,
was Er zu tun befohlen hat,
und man sich immer so verhält,
wie Jesus Christus das gefällt,
und man, mit Seinem Geist beschenkt,
mit Liebe an die andern denkt.
Man weiß, dass man mit Seiner Kraft,
so, wie man sein soll, niemals schafft,
dass man, auch wenn als Mensch man Christ,
doch nur ein armer Sünder ist,

der sich an Christus gern hält fest
und sich von Ihm beschenken lässt,
der statt auf sich auf Christus schaut,
und dem, was Er vollbracht, vertraut,
bis einmal dann, den Engeln gleich,
man ewig lebt in Gottes Reich.

Poetisches Deutschland

Er wollte mir in Rathen raten:
Man kann in Baden-Baden baden.
In Dortmund haben wir's vergessen,
drum wollen wir in Essen essen.
Man muss nicht bis nach Lauffen laufen,
um etwas günstig einzukaufen.
Wir wollen zwar in Singen singen,
doch kann's woanders auch gelingen.
Es mangelt dort nicht an Gelehrten,
drum kann man klug in Verden werden.
Man kann sich gut in Aalen aalen,
doch manchmal muss man dort bezahlen.
Die Dame wollte nicht begreifen:
Man muss das auch in Seiffen seifen.
Wir wollen das in Bergen bergen,
doch soll es nicht ein andrer merken.
Wir wollen auch in Fischen fischen,
doch soll uns niemand da erwischen.
Willst du der Blumen Pracht genießen,
musst du sie auch in Gießen gießen.
Man kann zwar auch in Siegen siegen,
doch kann man dort auch unterliegen.
Wir wollten mal in Buchen buchen,
doch mussten wir den Ort erst suchen.
Als wir einmal in Waren waren,
da wollten wir nach Fahren fahren.
Wir wollten dann in Graben graben,
bis wir den Schatz gefunden haben.
Man darf jetzt auch in Lachen lachen,
wenn Leute gute Witze machen.
Wenn Leute dort in Mauern mauern,
dann kann das ziemlich lange dauern.

Wenn Leute sich in Regen regen,
dann bringt das manchen großen Segen.
Wohin sie gern in Schauen schauen,
das sind die vielen schönen Frauen.
Dass Briefe wir nach Senden senden,
das müssen langsam wir beenden.
Dass Schafe oft in Weiden weiden,
das sollte möglichst man vermeiden.
Damit sie nicht Verbot'nes fänden,
drum mussten sie in Wenden wenden.
Die, die uns dann nach Wiesen wiesen,
uns schöne Dinge sehen ließen.
Dass gute Sachen nicht verderben,
zum Kaufen sie in Werben werben.
Um nicht das Wohnen zu verschlimmern,
die Menschen dort in Zimmern zimmern.

1. König 13 und wir

Als ich mal in der Stube saß
und etwas in der Bibel las,
was 1. Könige da steht
von einem Mann, der ein Prophet,
der erst, so wie es sich gebührt,
den Auftrag Gottes ausgeführt
und dann, als dieses war geschehn,
sogleich nach Hause sollte gehn;
jedoch, als einer ihn lud ein,
bei ihm erst noch als Gast zu sein,
das Gotteswort sofort vergaß
und bei dem Mann gemütlich aß
und trotz gehörtem Gotteswort
nicht setzte seinen Weg gleich fort
und Menschen also ernster nahm,
als was aus dem Munde Gottes kam,
und deshalb sterben hat gemusst,
da wurde dieses mir bewusst:
Wenn Gott – so habe ich gedacht –
das so bei heut'gen Pfarrern macht,
dann trüge jetzt in unsrer Zeit
so manche Pfarrfrau Herzeleid,
wenn bei dem Mann das findet statt,
was Gott uns doch verboten hat.

Karl Marx und Jesus Christus

In manchem hatte Marx ja recht.
Die Diagnose war nicht schlecht.
Jedoch mit einer Therapie,
da klappte es bis jetzt noch nie.

Denn eine Revolution,
was ändert sie im Grunde schon?
Es kommen andre an die Macht,
die auch nur auf sich selbst bedacht.

Dagegen ist es viel mehr wert,
was Jesus einst uns hat gelehrt
und was noch heute jedermann
in einer Bibel lesen kann.

Das Unheil in der Welt beginnt
damit, dass Menschen Sünder sind.
Das Heil beginnt, dass Gott uns liebt
und uns durch Christus Schuld vergibt.

Zum Guten führt uns Gottes Geist,
der uns den Weg der Liebe weist,
die man zuerst von Gott empfängt
und dann an andere verschenkt.

Die alten Römer und wir

Die Römer in den alten Zeiten,
sie ließen sich vom Wahlspruch leiten:
„Es ist halt so auf dieser Erde,
dass gern der Mensch belogen werde
(sofern die Worte, die wir sagen,
auch Menschenwünschen Rechnung tragen).
Wir gönnen ihnen das Vergnügen
und wollen kräftig sie belügen."
Als Christen müssen wir erleben:
Dem ersten Teil ist Recht zu geben.
Doch statt der Römer Folgerungen
ist uns der Auftrag aufgedrungen:
Ihr sollt im Namen Gottes wagen,
den Leuten allen klar zu sagen,
wie ernsthaft ihre Dinge stehen
und dass sie müssen untergehen,
wenn sie sich nicht zu Gott bekehren
und leben recht nach Jesu Lehren.
Auch wenn das viele nicht gern hören,
weil ihre Wünsche wir zerstören,
sind wir an Gottes Wort gebunden,
das für uns gilt für alle Stunden;
und lässt es sich mal nicht vermeiden,
dann müssen wir auch deshalb leiden.

Nicht christliches und christliches Denken

„Wenn jemand anders ist als ich,
der kann nur schlechter sein,
denn immer wieder zeigt es sich:
Ganz groß bin ich allein.

Der Maßstab wird von mir gesetzt.
Das gilt für alle Zeit.
Wem das nicht passt, dem sag ich jetzt:
Dann gibt es mit mir Streit."

So denken Menschen in der Welt.
Das war schon immer so.
Drum ist es schlecht um sie bestellt.
Es macht so wenig froh.

Die Bibel sagt uns ganz bestimmt:
Gott steht im Mittelpunkt;
und wenn man richtig ernst das nimmt,
dann alles richtig funkt.

Von Herzen Gott ich dankbar bin
für das, was Er mir gab,
und nehme auch als Auftrag hin,
dass ich zu dienen hab.

Doch fand durch Gott den Schöpfer statt,
der alle Menschen liebt,
dass auch der andre Gaben hat,
die es bei diesem gibt.

Zwar fällt mir es auch manchmal schwer,
doch sehe ich es ein:
Der andere kann manchmal mehr
und kann auch besser sein.

PS:
So mancher nennt sich nicht ein Christ,
bei dem doch manches christlich ist;
und manches Unrecht auch geschieht
durch einen, der ein Kirchenglied.

An eine Leipzigerin

Was ist bei Euch in Leipzig bloß
mit Eurer Polizei jetzt los?
Da denkt man, dass die Polizei
ein Hort von Recht und Ordnung sei,
jedoch wenn sie in dieser Stadt
ein Fahrrad, das gestohlen, hat,
so bietet gegen Geld sie dann
es anderen zum Kaufe an.
Es ist doch allen wohlbekannt:
Auch dieses ist ein Tatbestand.
Statt dass die Polizei drauf sieht,
dass möglichst Böses nicht geschieht;
und wenn mal irgendwas geschah,
dann ist sie doch wohl deshalb da,
damit sie den Verbrecher stellt
und der die Strafe dann erhält,
die im Gesetz für den besteht,
der das Verbotene begeht.
Was Eure Polizei da tat,
das schadet unserm ganzen Staat.
Drum kann nur die Devise sein:
Neu kehre Recht und Ordnung ein;
und jemand kontrolliere jetzt,
dass niemand mehr das Recht verletzt.

Versteckte deutsche Flüsse

Die Emma in dem Saal erfuhr,
dass Erna abfährt jetzt zur Kur.
Mein Vatter Heinz sprach mit Verdruss,
dass bald sein Onkel sterben muss.
Ein neuer Schüler emsig fragt,
wie hoch der Turm in Pisa ragt.
Was Uwe seriös uns sagt,
ihm leider selber nicht behagt.
Wie nach der Uhr er schauen kann,
drum kamen alle richtig an.
Mein Onkel ahnte wahrlich nicht,
dass diesmal echt ein Zeuge spricht.
Weil jeder einmal sterben muss,
drum will er leben mit Genuss.
Verbraucht die Lampe Energie,
dann sieht wohl auch den Staub erst sie.
Wer rastlos soll die Arbeit tun,
soll eine Weile dann auch ruhn.
Ob Limo, Selters oder Bier,
bleibt Ostern Elsa artig hier.
Ob Odenwald, ob Hessens Rhön,
mit Udo Naumann ist es schön.
So kernig kam mir Ilse nah,
als Elke einen Film ansah.

PS:
Ich hoffe, jeder hat entdeckt,
wie viele Flüsse hier versteckt.

Main, Saale,
Naab,
Rhein,

Elster,
Inn, Ems,
Isar,
Weser,
Eider, Elbe
Ruhr,
Aller,
Lahn, Ahr,
Lech,
Eder, Alster,
Iller,
Peene,
Tauber,
Werra,
Leine,
Mosel, Oder,
Oste, Saar,
Bode,
Donau,
Oker, Ilse,
Selke, Ilm

Ratschlag an die EKD*
Evangelische Kirche in Deutschland

Wenn Kirche mehr auf Zahlen schaut
und auf der Menschen Geld,
anstatt dass sie auf Gott vertraut,
ist's schlecht um sie bestellt.

Es geht in ihr doch um das Heil,
das Christus hat vollbracht,
dass viele an dem haben teil,
was möglich Er gemacht.

Wenn Kirche selber davon lebt,
was Gott an Gnade gibt,
und das zu sagen ist bestrebt,
weil sie die Menschen liebt,

dann kann es auch bei uns geschehn,
was sich woanders zeigt,
dass, wenn wir auf die Menschen sehn,
die Zahl der Christen steigt.

Denn das, wonach die Seele schreit,
dass Gnade sie erfährt,
wird letztlich auch in unsrer Zeit
ihr nur durch Gott gewährt.
Drum, Kirche, biete fröhlich an
dies Gnadenangebot,
dann spürst du, wie Gott retten kann
aus aller deiner Not.

Die Möglichkeiten

Die Menschen suchen das Vergnügen,
auch um sich selber zu belügen,
weil sonst die innerliche Leere
für sie nicht auszuhalten wäre.

Man lässt den Klang von lauten Tönen
sich stetig in die Ohren dröhnen,
damit das Hören dieser Klänge,
wonach das Herz sich sehnt, verdränge.

Man sieht jetzt überall bei vielen,
wie sie mit ihrem Smartphone spielen,
damit der Bilder große Masse
sie nicht zur Ruhe kommen lasse.

Man sitzt auch gern vor dem Computer,
denn was man haben will, das tut er.
Man stellt sich jeweils von Programmen
das, was man sehen will, zusammen.

Beim Fernseher muss man nur drücken,
damit die Sender uns beglücken.
Man kann da nach der Vorschau gehen,
um Krimis, Schnulzen, Sport zu sehen.

Man kann das Radio einschalten
und wie man will Musik erhalten,
ob Schlager, Klassik, Operette,
ein jeder hört, was gern er hätte.

Man kann auch jetzt noch Bücher lesen,
so wie das früher ist gewesen,
damit uns dabei die Lektüre
zu Freude und Erkenntnis führe.

Man kann sich auch zusammensetzen,
um mit den anderen zu schwätzen,
um, was man hörte, zu berichten
und selbst zu hören Klatschgeschichten.
Man kann im Saal das Tanzbein schwingen,
beim Spielen seine Zeit verbringen,
Man kann in einer Sauna schwitzen
und auch in einer Kneipe sitzen.

Man kann auch in dem Bade schwimmen,
beim Waldlauf seinen Körper trimmen,
kann ein Theaterstück genießen
und in dem Garten Blumen gießen.

Man kann in ferne Länder reisen,
beim Klettern seinen Mut beweisen,
man kann durch einen Park spazieren
und in den Zoo gehen zu den Tieren.

Man kann auch Alkohol sich kaufen
und sich mit Bier, Wein, Schnaps besaufen.
Es ist die Auswahl da an Sorten
inzwischen doch sehr groß geworden.

Jedoch das alles sind nur Sachen,
die nicht auf Dauer glücklich machen,
und wenn sie irgendwann dann enden,
sich manchmal gar ins Unglück wenden.

Für uns der wahre Seelenfrieden
wird durch das alles nicht beschieden.
Es kann nur Gott ins Herz das geben,
dass wir befreit und glücklich leben.

Weil alle Welt durch Gott entstanden,
ist tief in uns der Wunsch vorhanden,
des sinnerfüllten Lebens wegen
mit Gott recht den Kontakt zu pflegen.

Darum wird Gottesdienst gehalten,
kann betend man die Hände falten;
darum wird Gottes Wort verkündigt
und Schuld vergeben dem, der sündigt.

Wer da den rechten Weg gefunden,
dass er nun lebt mit Gott verbunden,
der will bei Gott für immer bleiben,
egal was andre Menschen treiben.

Fußball 2020 und christlicher Glaube

Wie Paulus im Korintherbrief
sich einmal auf den Sport berief,
am Beispiel Laufen deutlich macht,
worauf ein Christ recht gebe acht,   *Vgl. 1. Kor. 9,24–27.*

so lernt auch durch das Fußballspiel
man für den Christenglauben viel.
In diesem Fall beziehe ich
jetzt auf den RB Leipzig* mich.   **RasenBallsport Leipzig e. V.*

Denn Leipzig hat aus eigner Kraft
die Champions League nicht geschafft.
Nur weil die anderen gepatzt,
ist Leipzigs Traum dann nicht zerplatzt.

Weil mancher Konkurrenten schlug,
war es für Leipzig noch genug;
den andern also Dank gebührt,
die sie zur Teilnahme geführt.

Es fällt bei alledem mir ein:
Das kann für uns ein Gleichnis sein,
denn was mit Leipzig da geschah,
bringt uns der Christen Glauben nah.

So hätte man das Heil vergeigt,
weil jeder sich als Sünder zeigt.
Ein Mensch hat nur am Himmel teil,
wenn Jesus ihm verschafft das Heil.

Der Sünde, Teufel, Tod besiegt,
will, dass, was Er erwirkt hat, kriegt,
nimmt als Geschenk er glaubend an,
was Jesus nur uns geben kann.

Grenzen menschlicher Freiheit

Uns, die wir gern frei sein wollen,
sagt man, was wir machen sollen,
und wir haben immer Pflichten,
die es nötig zu verrichten.

Einst in unsern Kindertagen
hatten Eltern stets das Sagen,
und wir mussten alle Sachen,
die sie uns befahlen, machen.

In die Schule aufgenommen,
muss zum Unterricht man kommen,
und es hat dann Konsequenzen,
wenn da Schüler öfter schwänzen.

Wenn wir dann zur Arbeit gehen,
einem Chef wir unterstehen.
Er kann Pflichten uns verpassen
und bei Nichttun uns entlassen.

Wenn im Ehestand wir leben,
müssen wir uns Mühe geben,
nicht mit Taten oder Sätzen
unsern Partner zu verletzen.

Wenn wir in ein Kaufhaus laufen,
um dort etwas einzukaufen,
müssen unser Geld wir reichen,
ehe wir von dort entweichen.

Nur bei Gott die Menschen meinen,
dass sie völlig frei da scheinen,
sich nach Gottes Wort zu richten
oder darauf zu verzichten.

Menschen, die so Gott verachten
und nur, was sie wollten, machten,
werden irgendwann erfahren,
dass sie da im Irrtum waren.

Jesus – meine Gnadensonne

Es kann fast keiner es verstehen,
wie's mit der Sonne sich verhält;
und doch lässt jeder gern geschehen,
dass sie die Erde uns erhellt.

Erst recht kann keiner Gott ergründen,
weil heilig und allmächtig Er,
doch wir sind schwach und voller Sünden
und irren leider manchmal sehr.
Doch dass sie nicht im Elend bliebe,
in dem die Menschheit sich befand,
hat Gott in väterlicher Liebe
sich uns erbarmend zugewandt.

Damit die Welt gerettet werde,
kam her aus Gottes Ewigkeit
der Gottessohn auf diese Erde
als Mensch zu ganz bestimmter Zeit.

So scheitert hier zwar unser Denken,
weil Gott sich überlegen zeigt,
doch will Er seine Gnade schenken,
die alle Maße übersteigt.

Und wenn wir uns dann Ihm ergeben,
weil wir durch Ihn die Seinen sind,
dann werden wir bei Ihm erleben,
dass man von Ihm das Heil gewinnt.

Drum will ich nicht von Jesus weichen,
denn Ihm verdanke ich so viel.
Er macht mir möglich zu erreichen
die Ewigkeit als Lebensziel.

Von Personen

Er sagte: Ach, im größten Leid
hilft Achim mir zu jeder Zeit.
Der alias sich Kurt genannt,
hat das, was Ali aß, gekannt,
es ging dann mit Andreas ich,
da wunderte Andrea sich.
Er sprach, die Anne ließ er,
käm' dafür Anneliese her.
Ich sagte, darin Baldur irrt,
dass er schon bald Uropa wird.
Christine fragte voller Mut:
Chris, diene ich dem Manfred gut?
Er sagte, Dieter hasse er,
doch ging auf die Terrasse er.
Wenn einmal bei uns Erhard ist,
die Eier hart dann stets er isst.
Es zogen die Franzosen dann
genauso wie Franz Hosen an.
Ich übern Niger traute mich,
das traute nie Gertraude sich.
Stets wollte von mir Hella mehr,
war abends es noch hell am Meer.
Von diesem Ort her Inge kam,
die so gern sich Heringe nahm.
Er fragte dann den Jochen dreist,
ob er ihn von dem Joch entreißt.
Es stand die Katherina dort
und ging Kater Ina fort.
Gerlinde einst den Peter fand,
als abends an dem Beet er stand.
Herr Meier sagte: Reiner, trag
zu mir am Schluss den Reinertrag.

Die Sigrid, manchmal ritt auch sie,
doch um den Sieg ritt Sigrid nie.
Besuchen will der Tom Athen
und dort dann die Tomaten sehn.
Ich frage dann mich, wer am Main
nennt später mal die Vera mein.
Als ich von dem Erfolg erfuhr,
ich schnell dann hin zum Volker fuhr.
Viel Schönes man im Wald erlebt,
in welchem mein Freund Walter lebt.

Das Pfingstgeschehen   *nach Apostelgeschichte 2*

So mancher kann es nicht verstehn,
wie es sich denn erklären lässt,
dass, was zu Pfingsten ist geschehn,
man feiert wie das Weihnachtsfest.

Wenn also jemand nach dem Sinn
des Pfingstgeschehens damals fragt,
dann weise stets man darauf hin,
was denn die Bibel dazu sagt.

Wenn etwas Großes soll entstehn,
wie's Pfingsten mit der Kirche war,
muss Gottes Geist beim Menschen wehn,
das macht die Bibel offenbar.

Was Joel als Prophet einst sprach,
weil Gott zu sagen es gebot,
war 50 Tage so danach,
als Jesus auferstand vom Tod.

Gott wendet sich dem Menschen zu,
egal was seine Sprache ist,
und sagt, dass auch ein Mensch wie Du
von Gott geliebtes Wesen ist.

Es sagt auch Gottes Geist: Gib acht,
auf Gottes, nicht der Menschen Tun,
denn nur in dem, was Gott gemacht,
kann eines Menschen Heil beruhn.

Dass der, der ängstlich sich verhält
aus Furcht auch vor der Menschen Spott,
wie Petrus große Kraft erhält,
geschieht auch durch den Geist aus Gott.

Was dem, der irdisch-menschlich denkt,
an Gotterkenntnis nie gelingt,
wird uns durch Gottes Geist geschenkt,
der Gott uns Menschen nahebringt.

Und weil bei uns so Gottes Geist,
was niemand andres kann, vermag,
ist recht es, dass man Ihn auch preist
an einem großen Feiertag.

Dem Ziel entgegen

Ich hab als Mensch mit 80 Jahren
im Leben schon sehr viel erfahren.
Ich ging auf sehr verschied'nen Wegen
doch letztlich einem Ziel entgegen.

Und dieses Ziel ist vorgegeben,
es heißt für uns: das ew'ge Leben.
Gott gibt den Seinigen zum Lohne,
dass man bei Ihm im Himmel wohne.

Das Ziel hat Christus uns bereitet
und nur, wenn Er uns hin begleitet
und wir nicht ernsthaft von Ihm weichen,
wir dieses Ziel dann auch erreichen.

Dass Er sich hat mit uns verbündet,
hat in der Taufe sich gegründet;
doch der, der da mit uns gestartet,
den rechten Glauben dann erwartet.

Darum wird Gottesdienst gehalten,
wo Gott lässt Seine Gnade walten,
wo Schuldvergebung wir erlangen,
wenn wir das Abendmahl empfangen.

Darum wird Gottes Wort verkündigt,
damit der Mensch nicht furchtbar sündigt,
vielmehr von Gottes Geist getrieben,
will Gott und andre Menschen lieben.

Er lässt auch manchmal hart uns spüren:
das Ziel, wohin Er uns will führen,
ist, dass man statt auf dieser Erde
im Himmel reich und glücklich werde.

Und diese Welt mit ihren Gaben
wird irgendwann ihr Ende haben.
Doch die, der wir entgegengehen,
sie wird in Ewigkeit bestehen.

Diana und ich

Wir haben richtiges Vertrauen,
das uns zu Glücksgefühlen führt.
Wir lassen ganz ins Herz uns schauen,
weil man beim andern Liebe spürt.

Wir brauchen da nichts zu verbergen.
Es ist uns nichts dabei fatal.
Wir lassen gern einander merken:
Wir sind durchaus nicht ideal.

Wir können über alles sprechen
und sind auf Wirkung nicht bedacht;
auch über unsre eigenen Schwächen
und Fehler, welche wir gemacht.

Wenn wir einander alles sagen,
dann ist es bei uns beiden so:
Wir mindern Lasten, die wir tragen,
und machen stets uns doppelt froh.

PS:
Es geht bei dem, was ich beschrieben,
jetzt nicht nur um ein Ich und Du;
zu diesem Recht-einander-Lieben
gehört auch meine Frau dazu.

Atheismus und christlicher Glaube

Wenn einer einen Vortrag hält
und dabei dieser Satz auch fällt:
„Die Wissenschaft hat festgestellt:
Es ist kein Gott in dieser Welt",

dann sei getrost und unverzagt
es von uns Christen dann gewagt,
dass man ihm dies als Antwort sagt,
auch wenn ihm das wohl nicht behagt:

„Wenn keiner hier auch Gott je sah,
so ist Er doch uns Christen nah
und gern als unser Helfer da,
durch den für uns das Heil geschah.

Ihr, die ihr Atheisten seid,
tut darum uns von Herzen leid,
denn es hält Gott für uns bereit
viel Herrliches in Ewigkeit."

Glauben und christliche Kirche heute

Was leider heute auch bei Christen
auf dieser Erde wird vermisst,
ist, dass sie ernster nehmen müssten,
dass Gott der Herr allmächtig ist.

Worauf jetzt auch die Christen schauen,
sind Zahlen, Menschen und das Geld,
anstatt dass sie auf Gott vertrauen,
der alles in den Händen hält.

Er steht doch über allen Dingen,
weil Er sie ja geschaffen hat,
darum kann alles Ihm gelingen;
stets findet, was Er will, auch statt.

Lässt man sich glaubend von Ihm führen,
gereicht zum Heil stets, was geschieht;
man kann des Vaters Liebe spüren,
auch wenn Er strafend mal erzieht.

Wenn wir auch manches nicht verstehen,
was uns im Leben nicht gefiel,
so werden wir am Ende sehen:
Gott führt zu wunderbarem Ziel.

Um dieses auch zu erreichen,
sei man als Christ darauf bedacht,
von Jesus Christus nicht zu weichen,
der Heil uns möglich hat gemacht.

Ihn sollte man vor allem schätzen,
statt dass man das, was weltlich, liebt,
Ihn stets an erste Stelle setzen
und das, was Er aus Gnade gibt.

Eines Namens Sinn

Gewidmet allen, die mich gern haben

Bei jedem Menschen findet statt,
dass Vor- und Zunamen er hat.
Bei Letzterem erlebt man dies:
Man heißt so, wie die Mutter hieß,
als sie dabei am Werke war,
dass einen Menschen sie gebar.
Das Elternpaar bestimmt dann meist,
wie außerdem das Kind noch heißt,
wenn es um diesen Namen geht,
der als der erste vorn dann steht.
Nun habe neulich ich erkannt,
warum man Manfred mich genannt.
Damit das einen Sinn gewinnt,
zwei Buchstaben je wichtig sind,
die in den beiden Namen stehen,
wobei dann dieses muss geschehen:
Wenn bei Herrn Elsässer dabei
man nimmt von vorn die ersten zwei
und stellt den beiden vorne an
von Manfred die zwei letzten dann,
dann dieses Wort nicht mehr verschweigt,
wie dieser Mensch sich immer zeigt.

Ein seltsames Problem

Als ich mal in der Kneipe saß
und frohgemut mein Schnitzel aß,
kam mein Freund Adalbert herein,
um bei mir an dem Tisch zu sein.

Doch als ich ins Gesicht ihm sah,
wie traurig saß der Mann denn da!
Es gab etwas, wie mir es schien,
das furchtbar schwer bedrückte ihn.

Da hab die Frage ich gestellt:
„Was ist es, das dir nicht gefällt?"
Worauf ich mich gewundert hab,
was er mir da zur Antwort gab:

„In einem Buch ein Wort ich fand,
bei dem ich nicht den Sinn verstand,
weil ‚Düntatur' ein Wort da heißt.
Was ist das? Sag mir's, wenn du's weißt."

Da hab ich etwas nachgedacht
und Folgendes ihm klargemacht:
„Es ist wohl dieses Wort doch nur
das Gegenteil von ‚Diktatur'."

Bekenntnis zur Kirche

Muss leider auch in unsern Tagen
man von der Kirche Schlechtes sagen,
so will ich, was man auch mag nennen,
dazu doch Folgendes bekennen:

Ich werde in der Kirche bleiben,
egal, was manche da auch treiben,
egal, ob führende Gestalten
sich stets auch richtig da verhalten.

Zwar wünsch' ich, dass da besser seien
die Menschen als in den Parteien,
doch wird da, wo wir Menschen sehen,
auch immer wieder Schuld geschehen.

Wenn sich die Kirche würd' entpuppen
als eine nur von vielen Gruppen,
die sich mit Weltlichem befassen,
dann würde sie auch ich verlassen.

Doch Kirche ist, wie Jesus lehrte,
auch die von Ihm geführte Herde,   *Johannes 10,1–15*
in der, wer Ihm vertraut, kann spüren:
Er will zu gutem Ziel uns führen.

Und wie beim Menschen immer wieder
sich müssen alle seine Glieder,
dass sie erfüllen ihre Pflichten
nach dem, was das Gehirn will, richten,

hat Kirche immer zu erfüllen
des Hauptes Jesus Christus Willen. *Epheser 4,15 f.; Kolosser 1,18*
Wie Er die Weisung hat gegeben,
so soll man in der Kirche leben.

Und Pfarrer soll'n vor allen Dingen
die Gnade Gottes nahebringen,
damit durch deren Mund und Hände
viel Gutes in der Welt entstände.

Und weil ich bei der Kirche merke:
Es ist in ihr Gott selbst am Werke,
lass ich durch nichts mich überreden,
aus dieser Kirche auszutreten.

Vom Kämpfen und Siegen

Als Satan gegen Gott verlor,
im Himmel nicht konnt' bleiben,
er diese Erde sich erkor,
um hier sein Werk zu treiben.

Wenn nun ein Mensch in dieser Welt
sein Leben hat erhalten,
ist er in einen Kampf gestellt
mit finsteren Gewalten.

Verbrechen nur die Spitze sind,
woran wir Menschen kranken,
des Menschen Sündigsein beginnt
mit sündigen Gedanken.

Nur einem, welcher Gottes Sohn,
ist immer es gelungen,
dass Er auf dieser Erde schon
den Satan hat bezwungen.

Und was bei Jesus einst fand statt,
Sein wunderbares Siegen,
für uns nun auch Bedeutung hat,
weil wir dran Anteil kriegen.

Seitdem es eine Hoffnung gibt
für jeden, der gesündigt,
weil Gott uns unsre Schuld vergibt,
wie Jesus es verkündigt.

Wie Jesus kam ins Himmelreich,
um ewig dort zu leben,
wird für uns Christen, Ihm dann gleich,
das einmal sich begeben.

Ottokar und Napoleon

Als einmal mein Freund Ottokar
mit mir in einer Kneipe war
und so wie ich beim Biere saß,
da sprach er nach dem dritten Glas:

„Es machte wie mein Vater so
Napoleon bei Waterloo;
als dieser einst die Preußen sah,
da war er plötzlich nicht mehr da"

Corona-Impfung im März 2021

Weil Corona uns bedrohte,
gab es Impfungsangebote,
die als erste nun wir Alten
haben von dem Staat erhalten;
und so ließ auch ich mich pieken,
um Corona zu besiegen,
dass mir dies wird dazu nützen,
vor dem Virus mich zu schützen
und es künftig wird vermeiden,
an der Krankheit schwer zu leiden.

Doch auch andres ich bedachte,
was mich zu der Impfung brachte:
Nur wenn sich bei uns die Massen
wie gewünscht auch impfen lassen,
kann im Lande es gelingen,
dieses Virus zu bezwingen,
dass wir frei sind von Verboten,
die uns zu ersticken drohten,
kann es wieder Freiheit geben,
wie wir früher konnten leben,
wieder mit uns lieben Gästen
feiern bei bestimmten Festen,
gehen zu Veranstaltungen,
wo gespielt wird und gesungen,
dass wir wieder in den Kneipen
können zu dem Essen bleiben,
wieder können dorthin fahren,
wo wir früher glücklich waren.
Möge, was man uns bescherte,
helfen, dass es besser werde!

An Frau Dr. D. und ihr Team

Bei Ihnen in dem Wartesaal
geschah mit mir beim letzten Mal:
Von Wassermangel wohl geschwächt,
da wurde mir auf einmal schlecht.
Doch eh' mein Kollaps dort geschah,
da waren Sie ganz plötzlich da.
Sie führten mich zur Pritsche hin,
damit ich dort dann sicher bin
und mir auf gelegt dort dann
nicht Schlimmes mehr passieren kann.
Ich war dann ganz in Ihrer Hand,
was aber gar nicht schlecht ich fand.
Sie haben, auf mein Wohl bedacht,
was hilfreich war, mit mir gemacht.
Sie gaben eine Infusion,
da wurde es bald besser schon,
bis mir und Ihnen wurde klar,
dass wieder ganz gesund ich war.
Drum sei für Sie, die dies gemacht
von mir der Dank jetzt dargebracht.

Übernatürliche Erkenntnis

Wie es bei Jesus ist gewesen,
was wir da in der Bibel lesen,
von dem gibt es so manche Sachen,
die dem Gehirn Probleme machen.

Doch lass ich mich in meinem Denken
von Gott, dem Heil'gen Geist beschenken,
und mehr Erkenntnis zu gewinnen
als nur mit eines Menschen Sinnen.

Er lehrt, von Jesus zu erkennen,
dass Ihn auch Gottes Sohn wir nennen,
der deshalb ist als Mensch geboren,
weil Er zum Heiland uns erkoren.

Er lässt uns dies auch recht verstehen,
was einst auf Golgatha geschehen:
für uns dort musste Jesus sterben,
um uns Vergebung zu erwerben.

Dass dann den Tod Er überwunden,
das hat für uns auch stattgefunden;
Er hat die Chance uns gegeben,
dass so wie Er wir ewig leben.

Dass dann die Jünger Zeugen waren,
wie Er zum Himmel aufgefahren,
das zeigt: Es wird sich für uns lohnen,
wie Er im Himmel dann zu wohnen.

Weil all das so wunderbar ist
und weil Gottes Wort wahr ist,
drum will ich ganz auf Gott vertrauen,
um das, was Er versprach, zu schauen.

„Was würde Jesus dazu sagen?"
oder: Konjunktiv oder Indikativ

Im Fernsehen geschieht es heute,
das nach dem Wunsch so mancher Leute
an Sonn- und auch an Feiertagen
ein Gottesdienst wird übertragen.
Als ich jetzt mal so einen hörte,
da gab es etwas, das mich störte,
obwohl es, an mein Ohr gedrungen,
zunächst sehr christlich hat geklungen,
Der Pfarrer fing da an zu fragen:
„Was würde Jesus dazu sagen?"
Dabei gewiss er richtig machte,
dass Jesus er zur Sprache brachte,
Denn Ihn allein wir Christen sehen
als Fundament, auf dem wir stehen.
Doch dieses war's, wobei ich stutzte,
dass er den Konjunktiv benutzte.
Heißt das: was würde Jesus sagen,
würd' leben Er in unsern Tagen
und nicht vor jetzt 2000 Jahren,
als andere am Leben waren,
wovon wir in der Bibel lesen,
was vor schon langen Zeit gewesen,
doch jetzt sich nicht mehr kann begeben,
weil Jesus nicht mehr ist am Leben.

Es ist doch damals auch geschehen
nach Jesu Tod Sein Auferstehen,
so dass auch heute der noch handelt,
der einst auf Erden ist gewandelt.
Und deshalb nicht ein Pfarrer lehre
von einem „Würde" oder „Wäre",
stattdessen sollte er benennen
was wir als Taten Gottes kennen,
die Christus uns zum Heil vollbrachte,
damit Er uns zu Christen machte,
die Ihm am Ende darin gleichen,
dass sie auch dieses Ziel erreichen,
für ewig in den Himmel kommen,
in den Gott Jesus aufgenommen,
nach dem durch diesen ist geschehen,
wozu Ihn Gott hat ausersehen,
dass Er für uns auf dieser Erde
der Heiland und Erlöser werde.

Ratschlag an einen Schüchternen

Wenn Du mit Sorgen und mit Angst
um einen andern Menschen bangst,
wenn auch Dein Denken um ihn kreist,
wenn Du den andern wirklich liebst
und Raum in Deinem Herzen gibst,
wenn Du Dich so nach diesem sehnst,
dass Du Dich dann recht glücklich wähnst,
wenn Du in seiner Nähe bist
und auch Berührung möglich ist,
wenn Du sehr oft gern daran denkst,
wie Du ihm große Freude schenkst,
wenn Du von Herzen danach strebst,
dass Du mit ihm zusammen lebst,
dann rat' ich Dir, dass Du nicht schweigst,
es vielmehr diesem Menschen zeigst
und froh und mutig es dann wagst,
dass Du ihm das auch alles sagst;
und wenn der andre das vernimmt
und es bei ihm genau so stimmt
und dies als Antwort gibt zurück,
genieße dann Dein großes Glück!

Erlebnis mit Frau M.

Als in dem Hause, wo ich wohne,
nach dem gehörten Klingeltone
ich von dem Sessel, wo ich weilte,
nach vorn schnell zu der Tür dann eilte,
um dort auf einen Knopf zu drücken,
bei dem es dann dem Gast kann glücken,
nach einem kurzen Unterreden
ins Haus zur Wohnung einzutreten,
sah ich die Dame, die sich nahte,
mit einem Glase Marmelade
in ihren liebevollen Händen,
um dieses freundlich uns zu spenden
und deshalb mir zu überreichen,
um davon auf das Brot zu streichen.

Es war, was sich da hat begeben,
für mich ein herrliches Erleben,
weil ich bei ihr die Liebe spürte,
die sie zu diesen Schritte führte;
und Liebe, wie sie Jesus lehrte,
ist doch von allergrößtem Werte.

Menschliche Lebenseinstellungen

Wenn heute man es miterlebt,
wonach der Mensch vor allem strebt,
dass er auf Geld, Lust, Ruhm und Macht
nur für sich selber ist bedacht,
dann ist es doch um diese Welt
nicht so besonders gut bestellt.

Wer menschlich denkt, sieht dabei ein:
So soll es unter uns nicht sein;
denn solch Verhalten bringt nur Streit
und schafft bei vielen Menschen Leid,
weil, was dem einen Vorteil bringt,
den anderen ins Elend zwingt,
und keinem Menschen macht Genuss,
wenn Leiden er erleben muss:
Es geht dem andern Menschen gut
durch Unrecht, das an mir er tut.

Doch der, der über andre siegt
und das, was er gewünscht hat, kriegt,
fühlt sich am Ende auch nicht wohl,
weil er im Innern leer und hohl
und dem der Frieden Gottes fehlt,
der andere durch Selbstsucht quält.

Wie stellt man nun aber an,
dass Besserung geschehen kann?
Ich glaube, dass sie sich ergibt,
nimmt Gott man ernst, der Menschen liebt,
was daran sich erwiesen hat,
dass Schuldvergebung findet statt

durch Jesu Tod auf Golgatha,
der einst zu unserem Heil geschah.
Wenn man es nun durch Gott erfährt,
was Er für Gnade uns gewährt
und weil von Gott so reich beschenkt,
nun liebend man an andre denkt,
dann wird es besser in der Welt,
weil man, was nötig ist, erhält:
die Liebe, die das Herz berührt
und uns zu echter Freude führt.